科 特 勒 新 营 销 系 列

营销革命3.0

从价值到价值观的营销

MARKETING 3.0

FROM PRODUCTS TO CUSTOMERS TO THE HUMAN SPIRIT

[美] 菲利普·科特勒（Philip Kotler）

[印度尼西亚] 何麻温·卡塔加雅（Hermawan Kartajaya） 著

伊万·塞蒂亚万（Iwan Setiawan）

毕崇毅 译

机械工业出版社
CHINA MACHINE PRESS

图书在版编目（CIP）数据

营销革命 3.0：从价值到价值观的营销（轻携版）/（美）菲利普·科特勒（Philip Kotler），（印尼）何麻温·卡塔加雅（Hermawan Kartajaya），（印尼）伊万·塞蒂亚万（Iwan Setiawan）著；毕崇毅译. —北京：机械工业出版社，2019.5（2025.5 重印）
（科特勒新营销系列）
书名原文：Marketing 3.0：From Products to Customers to the Human Spirit

ISBN 978-7-111-61974-1

I. 营⋯ II. ①非⋯ ②何⋯ ③伊⋯ ④毕⋯ III. 市场营销学 IV. F713.50

中国版本图书馆 CIP 数据核字（2019）第 024852 号

北京市版权局著作权合同登记　图字：01-2010-5969 号。

营销革命 3.0：从价值到价值观的营销（轻携版）

出版发行：机械工业出版社（北京市西城区百万庄大街 22 号　邮政编码：100037）
责任编辑：王宇晴
责任校对：殷　虹
印　　刷：固安县铭成印刷有限公司
版　　次：2025 年 5 月第 1 版第 9 次印刷
开　　本：147mm×210mm　1/32
印　　张：7.625
书　　号：ISBN 978-7-111-61974-1
定　　价：59.00 元

客服电话：(010) 88361066　68326294

营销 3.0 时代是消费者高度赋权的时代

	营销1.0 产品导向营销	营销2.0 顾客导向营销	营销3.0 价值观导向营销
目标	卖出产品	满足顾客、留住顾客	让世界更美好
动因	工业革命	技术科技	新一波技术革命
企业如何看待市场	有生理需要的大众顾客	更聪明、有想法、有喜好的顾客	有想法、有喜好、有灵魂的顾客
主要营销概念	开发产品	差异化	价值
企业营销方针	产品设计	企业、产品定位	企业、愿景、价值观
价值主张	功能性	功能性、感官性	功能性、感官性、精神性
消费者互动	一对一交易	一对多关系	多对多协作

推荐序一

营销革命 3.0

——从"消费者"的营销到"人"的营销

今年是特别的一年，因为今年不仅仅是这本《营销3.0》热销后再版的一年，还是菲利普·科特勒先生投身营销事业的第56年，更是他的自传出版的一年。88岁的科特勒先生著述等身，其旗舰作品《营销管理》在全球已经累计销售近千万册，培养了几代企业家和营销人！在他这么多著作中，他自己认为最有思想性和前瞻性的就是这本《营销3.0》。营销3.0正是在社会价值观巨变和消费者力量崛起的背景下，商业社会的自我拯救之道。

当代科学哲学"历史—社会学派"的主要代表，美国著名科学哲学家托马斯·库恩（Thomas Kuhn）在《科学革命的结构》中曾提道：社会科学的发展总是先被社会的发展所牵引，之后又来牵引社会的发展。近50年来，营销学抑或是管理学作为社会科学的一种，在市场乃至整个社会、时代的发展过程中不断萌生新的思想，如需求管理、市场营销战略、国际营销、社会营销等，不断地促进企业、组织机构与消费者之间交易关系的建立，推进资源流动带来的社会福利增值，而菲利普·科特勒教授无疑是这些营销思想的集大成者和持续的开拓者之一。科特勒教授从来都不是一个传统意义上的"营销"大师，他是一个满怀慈悲的科学家、建筑师和艺术家。当营销还是流传于营销人员之间的琐碎技巧的时候，科特勒教授第一个搭建了营销科学体系的大厦；当营销还是企业贩卖产品的职能的时候，科特勒教授提出了全方位营销；当营销还热衷于市场细分竞争的时候，科特勒教授提出了水平营销。这一次，当大多数企业还在把客户当成猎物，把获客裂变当增长法宝，把传播技术当成营销变革的时候，科特勒教授再一次引领了营销前沿，给业界带来了"营销3.0"。营销3.0使我们从狭隘地关注短期"利润、产品、消费者"到深切地关注"更加美好的世界"，关注那些人类千百年来信仰的精神和正能量价值。营销3.0描述了一个新的营销世界，他带领我们从"我"营销向"我们"营销转变，从"消费者"营销向"人"营销转变，它给我们提供了一个看待当今消费者的全新视角，它给我们指出了进入马斯洛需求模型顶级"自我实现"的路径。

科特勒教授指出，在当前全球化风潮巨变、消费者需求不足、贫富差距日益悬殊、气候变化和污染日益严重的情况下，社交媒体和生活场景的数字化趋势使得新一代消费者和企业信息不对称的区间越来越小，战略营销也已经上升为和宏观经济相平衡的一种概念。在这种情况下，时代对营销的使命提出了新的诉求：营销必须放宽宏观的视野，将自身的关注点从消费者需求上升到人类理念和精神层面。科特勒教授将营销的演进划分为 3 个阶段：营销 1.0 时代，即"以产品为中心的时代"，这个时代营销被认为是一种纯粹的销售，一种关于说服的艺术；第二个阶段是营销 2.0 时代，即"以消费者为中心的时代"，企业追求与顾客建立紧密联系，不但继续提供产品使用功能，更要为消费者提供情感价值，因此公司与产品都追求独特的市场定位，以期望为消费者带来独一无二的价值组合；如今我们即将见证第三个阶段——营销 3.0 时代，即"人文中心主义的时代"，在这个新的时代中，营销者不再仅仅把顾客视为消费的人，而是把他们看作具有独立思想、心灵和精神的完整的人类个体，企业的盈利能力和它是否承担了企业社会责任、是否与顾客价值观产生共鸣息息相关。

　　本书中最值得我们关注的是，科特勒教授的营销 3.0 已经把营销理念提升到一个关注人类期望、价值和精神的新高度。在营销 3.0 时代，"消费者"被还原成"整体的人""丰富的人"，而不是以前简单的"目标人群"，"交换"与"交易"被提升成"互动"与"共鸣"，营销的价值主张从"功能与情感的差异化"被深化至"精神与价值观的相应"。这一切的还原、提升乃至深化背后折射出人类社会在新社会与科技浪潮下，出现的迈向平等、共赢与消费者参与方面较之以往所表现出的伟大飞跃。在这些原始假设改变的情况下，企业开始不仅仅做品牌，还要打造"人设和价值观"。企业将营销的中心转移到如何与消费者积极互动，将尊重消费者作为"主体"的价值观，识别与满足他们最深层次的渴望与担忧，让消费者更多地参与营销价值的创造。因此，科特勒教授也把营销 3.0 称为"价值观驱动的营销"。

我认为，科特勒教授提出的"价值观驱动的营销"对于中国市场尤其具有参考意义。一方面，中国部分企业承担的社会责任似乎与其成长不成正比。近年来一些"著名品牌"在食品安全和药品安全方面问题不断，企业热衷于通过公关、概念性营销宣传炒作市场，造成企业使命"表面化""纸面化"的趋向尤其严重，本来应有的"企业—消费者"共赢变成了猜忌与博弈，企业的可持续发展令人堪忧。践行营销 3.0 就是提倡将营销实践和价值观融为一体，企业必须依靠倡导和实践积极的价值观生存，这些价值观使得企业具有了不同的个性和目的。另一方面，企业推动"以价值观驱动的营销"也是在当今高度同质化的营销竞争中实现差异化的有效手段。产品功能与情感诉求已经步入无感时代，如今新顾客的获取非常难，而老顾客的留存率又逐年下降。在这样的竞争格局下，营销 3.0 帮助企业塑造独特的积极价值观，与顾客产生深度共鸣，形成忠诚的顾客粉丝，从而提升顾客终生价值，这是营销 3.0 驱动企业价值增长的核心原理。

消费者是营销的起点和终点，所有的营销理论和实践都是为了应对不断变化的消费者。我们知道"被网络连接的消费者正在改变着商业世界"，我们不知道的是——被连接的消费者正在越来越像一个具有共同精神追求和共同价值观的立体的"人"。人第一次开始成为营销主体！在营销 1.0 和营销 2.0 时代，企业面对的都是"消费者"，消费者看起来像猎物，企业的营销策略像狩猎计划，而营销教科书看起来更像狩猎指南！营销 3.0 超越了琐碎而狭隘的"营销技术与手艺"，使营销进入了宏大的与人类精神和根本需求相关的新境界，营销不再是狩猎消费者的雕虫小技，营销第一次站在了推动社会变革和提升人类幸福感的前沿。

营销 1.0 和营销 2.0 并不会消亡，但是，全新的"人文精神"消费者正在登上舞台。科特勒教授为我们打开了这一营销新趋势的大门。这些新消费者关注的事物已经远远超出了狭隘的自身利益，他们具有比老一代消费者更加广阔的视野和多样的诉求。他们对环境改进、可持续发展、社区美好生活、社会责任、快乐和幸福的意义都有高度的敏感和渴望。新一代消费者不再被"隔离"，他们通过网络广泛连接，企业和消费者的关系不再是 1 ：1，而是多对多。所有的企业都试图以"绿色环保"来取悦那些以"绿色"为核心价值的消费者。这些被连接起来的消费者比任何一个企业营销者和公关者都聪明，任何虚伪和装腔作势都无法欺骗他们。因此，企业的最高领导层、品牌管理团队和营销团队必须深刻认识并快速接纳这种由千百万普通消费者组成的"人文精神"的力量对品牌的影响。企业必须和利益相关者共同创造价值，企业不再是主导者，它必须变得和消费者一样具有前瞻性。

尽管本书的有些章节可能显得过于理想化或略超前，还有些概念缺乏明确的定义，但是，本书的贡献在于科特勒教授站在新一代消费者的视角提出了营销的新视角、新方向和新方法，并对营销自身的价值和意义进行了严肃的反思。本书不是一时潮流之作，而是科特勒教授在过去15年中的潜心观察和研究的结晶。科特勒教授之前出版的4部著作可以被看作是本书的前传和铺垫，这4部著作是《社会营销》《营销再思考》《企业的社会责任》和《科特勒谈公共部门如何做营销》。

本书是科特勒教授近60年营销研究和实践的前瞻之作，我建议每一位企业家、经理人、社会工作者和研究人员都认真阅读此书，它将为你打开一个全新的营销世界！

科特勒咨询集团（KMG）中国区总裁

曹　虎

推荐序二

让营销成为一种信仰

这是一个急躁的时代，我们为了利益和目标的达成每天奔波在各种营销战争中，价格战、产品战、人才战、渠道战、终端站、广告战、传播战，战争磨炼着我们的毅力，我们可以成为钢铁战士，每年如一日超长地工作，没有假期和家人，没有自我和享乐，还能面带微笑，充满激情。但是目标真的达成了吗？我们看似创造了营销的奇迹，成就了巨大的企业，但面对危机它却是那么脆弱。我们看似是成功人士，衣着光鲜，出入高档写字楼，但心中却隐隐感到困惑和不安。

我们迷失了吗？我们陷入负循环了吗？我们的激情能持续多久？我们怎么才能走出迷局，让我们为自己所从事的工作而骄傲，让我们的合作者从中受益呢？很幸运我找到本书——菲利普·科特勒教授的新作。

科特勒教授从信息技术开始，分析了新浪潮科技带来的环境变化，并且从本质上阐述了这种改变对营销的影响，使我们从产品营销进步到消费者营销，再发展到价值营销，深度阐述了只有站在"让世界变得更好"的原点才能最终实现营销的目标。

科特勒教授的新书中不断出现新的词汇，如新科技浪潮、参与化时代、创造型社会、合作营销、文化营销、人文营销、精神营销，不断出现新的、炙手可热的媒体形式，如博客、微博、YouTube、Facebook、Flickr、维基百科、Craigslist，并且把这些新营销和传统企业的使命、愿景和价值观等有序地联系起来，这让我不得不惊叹大师的睿智和创新，让我这个自认为的新营销专业人士汗颜，熟读这本书，我相信对新科技、新媒体、新营销会有本质的理解和提高。

书中不仅仅描述了大量的新概念和新思想，同时传递了不少新方法，提示我们在树立了营销3.0的理念之后，如何向我们的消费者、员工、渠道合作伙伴、股东营销我们的理念从而获得他们的认同。本书中，我最喜爱的部分是价值观营销的十大秘诀，从这些可操作性的秘诀中我再次深度理解了价值观营销的本质，相信了营销的美好，并且与秘诀中的典范企业成为神交的朋友，因此认同且愿意成为它们的顾客。

还有一点让我感到如获至宝，科特勒教授深度描绘了经济全球化导致的政治、经济、社会文化等矛盾引发的全球化的焦虑不安和内心冲突，并且分析了基于此的化解办法。这让我终于知道"急躁"不是一个人、一个国家面对的问题，而是全人类在进步中共同面对的问题，而从营销的视角关注贫困、社会不安、环境可持续发展、社区责任等话题，不仅能达到企业的营销目标，同时能让营销更美好！

记得最早进入营销行业的时候，我就是从科特勒教授的《营销管理》入门的，10多年过去了，今天面对新浪潮科技的冲击感到压力和迷惑的时候，本书再一次帮助我领悟到新营销的本质，用发展的眼光理解价值营销的概念，为我的合作伙伴贡献更有价值的思维和行动。

让营销成为一种信仰，信任它、敬仰它、梦想它、成就它，并且把这份感受长久地传递给我们的企业、合作伙伴、同事、朋友，让我们共同的事业不是昙花一现，而是基业长青，让我们的心灵充满欣然和欢愉，而不是急躁和焦虑。

天涯社区前高级副总裁

于立娟

推荐序三

以人文精神主导营销的未来

古希腊哲学家赫拉克利特说："人不能两次踏入同一条河流。"

他认为，一切可感知的事物始终处于变化之中，对于可感知的事物，人类不可能有确定的知识。

后人扬弃了赫拉克利特的流变学说，不像他那样悲观，而是以动态的眼光观察、研究世间万物，积累了丰富的知识，推动人类社会持续进步，文明程度不断提高。

具体到现代营销领域，那些人们可以感知的事物，比如生产、渠道、物流、信息传播、商业模式等始终处在流而不定、变而不居的状态中，自然而然，与之相伴相生的必然是新的营销概念和营销操作手法。

本书指出："在过去的 30 年里，营销一直是一个让商业世界兴奋不已的话题。"

营销之所以让商业世界兴奋不已，是因为全球化和科技作为两大主导力量，正在深刻地影响和改变世界——全球化提高了经济体相互之间的依存度，而科技，尤其是计算机、互联网和移动通信终端的兴起，则极大地扩大了营销的边界，在为企业带来更多营销机会的同时，也带来了前所未有的挑战。

具体到中国市场和中国企业，改革开放之后仅仅 40 年的时间，从推销到销售再到营销，伴随着营销概念的成熟和营销实践的创新，使中国市场成为世界市场的一个有机组成部分，中国企业也更加深入地参与到全球化竞争中。

2010 年岁末，学者戴维·罗斯考夫在预测"2011 年一定会发生的那些事"时，曾断言："世界发现它是多么依赖中国的增长，与上一年相比，中国的重要性将更加凸显，它也将因此在经济、环境和安全等标准上面临更大的国际压力。"

其实，即使没有外部压力，出于内生性的成长需要，中国企业都处在一个重要的历史拐点上：除了好的产品和服务，与世界已经融为一体的中国企业还能贡献什么？未来中国营销的发展方向是什么？

事实上，中国企业不仅显示自己的经济实力，而且展现自己独特的文化价值观，中国力量才是一个完整的概念。

本书重新定义了营销——营销是一个由品牌、定位和差异化构成的等边三角形，它以"3i 概念"——品牌标识、品牌道德和品牌形象主导企业的使命、愿景、价值观（价值承诺、价值承诺兑现）和战略规划。营销 3.0 的实质是人文精神驱动的价值营销，企业在做出营销战略决策时，不仅要考虑商业回报，而且要考虑道德和社会影响，以积极的心态作用于人类文明的进程。

　　本书为中国企业提供了更为广阔的视野，不同的国家、民族、企业、消费群体虽说有文化差异，但共同价值其实是人类共同的追求，比如虔敬、慈善、诚实、正直、同情、关怀、分享、节制等。基于此，在营销 3.0 时代，企业在为目标客户提供优质产品和服务时，才能拥有持续发展的能力。

　　变动不居的是市场环境，不变的是人类的价值追求，人类社会就是以此为基点不断进入更高形态的文明。未来的营销不仅要为企业赢得世人的尊敬，同时也要给目标消费群体以尊严。或许这正是菲利普·科特勒、何麻温·卡塔加雅和伊万·塞蒂亚万给予我们最有价值的启示。

《新营销》主编

孙全胜

推荐序四

迈进以创造力、文化、传统继承和环境为主题的新时代

按照美国著名未来学家阿尔文·托夫勒（Alvin Toffler）的说法，人类文明可以划分为三次经济浪潮。第一次经济浪潮是农业化时代，其中供农业生产所需的土地是最重要的资产。在我的祖国印度尼西亚，此类资产可以说相当丰富。第二次经济浪潮指的是工业化时代，以英国和欧洲工业革命的兴起为标志。在工业化时代中，最重要的资产当属机械设备和工厂。第三次经济浪潮指的是信息化时代，思想、信息和高科技无疑是在这个时代获得成功的最重要的资产。如今，随着人类社会面对日益严峻的全球变暖问题，全世界正在进入第四次经济浪潮，这将是一个以创造力、文化、传统继承和环境为主题的新经济时代，同时也是我领导印度尼西亚未来前进的方向。

我在阅读本书时，深刻地意识到营销业也正朝着这个新时代迈进。营销3.0非常强调营销者感受人类焦虑和期望的能力，而这些焦虑和期望恰恰是根植于我们的创造力、文化、传统继承和

环境问题中的。对印度尼西亚来说，由于我们的文化多样性和丰富的历史传统，营销3.0的意义就显得尤为重要。同时，印度尼西亚也是一个高度强调价值驱动的国家，精神性一直都是这个国家国民生活的支柱。

在本书中，我看到一些跨国公司支持联合国千年发展目标，努力减少发展中国家贫困和失业问题的成功案例，这让我感到十分欣慰。我认为，政企合作一直都是促进经济增长的坚实基础，对发展中国家来说尤其如此。这本书对我努力改善印度尼西亚底层人民生活的目标也非常支持，同时还鼓励政府大力保护自然环境，使其成为这个国家最宝贵的资产。

简而言之，我很高兴能看到两位著名营销大师联手打造出这本致力于改善世界面貌的作品。我要向菲利普·科特勒、何麻温·卡塔加雅和伊万·塞蒂亚万表示祝贺，祝贺他们完成了这本激荡营销行业观点的力作。我希望所有阅读过本书的人都能从中获益，为改变我们生活的世界尽一份力。

印度尼西亚共和国前总统

苏西洛·班邦·尤多约诺

前　言

　　当代世界正在经历一个快速而深刻的变化时期。近期出现的国际金融动荡加剧了世界范围内的贫困和失业水平，各国纷纷推出经济刺激计划以恢复消费者信心和经济增长势头。此外，气候变化和日益严重的污染问题也使各国深感困扰，纷纷采取限制二氧化碳排放的措施，给企业生产带来了极大负担。同时，西方发达国家的经济增长速度逐渐放缓，经济增长发动机的位置正在被发展中国家迅速取代。全球科技已经从机械化时代进入数字化时代，互联网、计算机、手机和社会化媒体等新兴事物正在对生产商行为和消费者行为同时造成深远的影响。

　　所有这些变化都促使我们必须重新认识营销行业，营销已经上升为和宏观经济相平衡的概念。只要宏观经济环境发生变化，消费者行为就会出现变化；消费者行为一旦变化，营销行为也必然随之变化。在过去的 60 多年里，营销活动已经从以产品为主的营销 1.0 时代演变到以消费者为主的营销 2.0 时代。如今，为应对经济环境的新变化，营销行业正在大步迈进一个全新的时代。在这个过程中，我们看到企业的关注点从产品转向了消费者，进而又将转向人类问题。简而言之，营销3.0时代就是指企业从消费者中心主义转向人文中心主义的时代，在这个新时代中，企业的盈利能力和自身的企业责任感息息相关。

在营销3.0时代，企业将不再是单打独斗、自给自足的经营者，而是变成了和员工、批发商、经销商、供应商等众多合作伙伴同呼吸共命运的有机体。如果企业能够精心选择自己的网络合作伙伴，做到目标共享和利益共享，那么它就能和合作伙伴整合成一个具有强大竞争力的实体。要做到这一点，企业必须和所有团队成员共享使命、愿景和价值观，团结所有力量为共同的目标奋斗。

我们在本书中介绍的就是如何向合作伙伴营销企业的使命、愿景和价值观。也就是说，企业要想获取利润，就必须为客户和合作伙伴创造出众的价值。我们希望企业能把客户利益视为自己的战略起点，愿意站在人性角度帮助他们解决问题，重视他们的真实需求和关注。

本书分为三篇：第一篇总结了形成人文主义营销的商业趋势，为进入营销3.0时代进行了铺垫；第二篇介绍了企业如何向合作伙伴，即消费者、员工、渠道合作商和股东，营销自己的企业使命、愿景和价值观；第三篇介绍了在营销3.0时代，我们在解决社会福利、贫困、环境可持续性等全球化问题上的一些思路，以及企业如何通过实施人文主义商业模式来改善上述问题。最后，我们在第 10 章总结了有关营销 3.0 的一些主要观点，同时列举了一些积极采用这种商业模式的企业经营案例。

本书观点来源

营销 3.0 的概念最早由 MarkPlus 的咨询顾问在 2005 年 11 月提出，MarkPlus 是一家位于东南亚的营销服务公司，由何麻温·卡塔加雅组建并管理。经过两年多的深化和联合开发，菲利普·科特勒和何麻温·卡塔加雅在东盟成立 40 周年之际在雅加达推出了本书初稿。作为 G20 峰会唯一的东南亚成员国，印度尼西亚是一个强调以人文主义精神应对多样化挑战的国家。美国前总统贝拉克·奥巴马童年时代曾在印度尼西亚度过 4 年时光，对来自东方的人文中心理念有充分的了解。可以说，营销 3.0 的概念正是在东方诞生和形成的。而且，我们还非常有幸请到了印度尼西亚共和国前总统苏西洛·班邦·尤多约诺先生为本书作序。

伊万·塞蒂亚万是 MarkPlus 公司的咨询顾问，也是最早提出此概念的人之一。在与全球顶级商学院西北大学凯洛格商学院教授菲利普·科特勒的共同努力下，塞蒂亚万对营销 3.0 与当代新经济秩序和数字化时代兴起等问题之间的密切联系进行了深入研究。

目 录

第一篇　趋势

第 1 章　欢迎进入营销 3.0 时代 / 2

第一篇

趋　势

第 1 章

欢迎进入营销 3.0 时代

何谓营销 3.0

多年来，营销行业经历了所谓的营销 1.0、营销 2.0 和营销 3.0 时代。如今的很多营销者仍在利用营销 1.0 时代的营销方式，一部分企业使用的是营销 2.0 时代的营销方式，只有个别企业正在朝营销 3.0 迈进。事实证明，那些践行营销 3.0 时代营销方式的企业必将获得无可限量的商机。

在很久之前的工业化时代，工业机械是核心技术，当时的营销就是把工厂生产的产品全部卖给有支付能力的人。这些产品通常都比较初级，其生产目的就是为了满足大众市场需求。在这种情况下，企业的目标就是要实现产品的标准化和规模化，不断降低生产成本以形成低廉的产品价格，吸引更多顾客购买。亨利·福特的 T 型车可以说是这一营销战略的缩影，他曾这样说过："无论你需要什么颜色的汽车，福特只有黑色的。"这就是营销 1.0 时代，即以产品为中心的时代。

营销 2.0 时代出现于当今的信息时代，其核心技术是信息科技。营销 2.0 时代的营销工作已经变得复杂起来，因为消费者了解的信息比以前更多，可以轻松地对相似的产品进行选择。这时，产品的价值是由消费者来定义的，因为他们在喜好方面存在着巨大的差异。有鉴于此，营销者必须对市场进行细分，针对某个特定市场开发出最具优势的产品。对营销 2.0 时代而言，企业获得成功的黄金法则是"客户即上帝"，消费者由于需求得到满足而在买卖中享受到了一些优势。他们可以在产品的功能特征等各个方面精挑细选，直到自己满意为止。尽管很多营销者都努力试图赢得消费者的青睐和关注，但不幸的是，以消费者为中心的营销方式仍坚持把顾客视为被动的营销对象，这就是营销 2.0 时代的观点，即以消费者为导向。

现在，我们正在目睹的是营销 3.0，即以价值驱动营销时代的兴起。在这个新的时代中，营销者不再把顾客仅仅视为消费的人，而是把他们看作具有独立思想、心灵和精神的完整的人类个体。如今的消费者正越来越关注内心感到焦虑的问题，希望能让这个全球化的世界变得更好。在混乱嘈杂的商业世界中，他们努力寻找那些具有使命感、愿景规划和价值观的企业，希望这些企业能满足自己对社会、经济和环境等问题的深刻内心需求。简单地说，他们要寻求的产品和服务不但要满足自己在功能和情感上的需要，还要满足在精神方面的需要。

和以消费者为中心的营销 2.0 时代一样，营销 3.0 也致力于满足消费者的需求。但是，营销 3.0 时代的企业必须具备更远大的、服务整个世界的使命、愿景和价值观，它们必须努力解决当今社会存在的各种问题。换句话说，营销 3.0 已经把营销理念提升到了一个关注人类期望、价值和精神的新高度，它认为消费者是具有独立意识和感情的完整的人，他们的任何需求和希望都不能忽视。因此，营销 3.0 把情感营销和人文精神营销很好地结合到了一起。

在全球化经济危机发生时，营销 3.0 和消费者的生活联系得更加紧密，因为快速出现的社会、经济和环境变化与动荡对消费者的影响正在加剧。在这个时代里，地区疾病会暴发成国际危机，贫困问题日益突出，环境破坏问题越发严峻。营销 3.0 时代的企业努力为应对这些问题的人寻求答案并带来希望，因此它们也就更容易和消费者形成内心共鸣。在营销 3.0 时代，企业之间靠彼此不同的价值观来区分定位。在经济形势动荡的年代，这种差异化定位方式对企业来说是非常有效的。

表 1-1 总结了营销 1.0、营销 2.0 和营销 3.0 时代的综合对比。

表 1-1　营销 1.0、营销 2.0 和营销 3.0 时代的综合对比

	营销 1.0 时代 产品中心营销	营销 2.0 时代 消费者导向营销	营销 3.0 时代 价值驱动营销
目标	销售产品	满足并维护消费者	让世界变得更好
推动力	工业革命	信息技术	新浪潮科技
企业看待市场的方式	具有生理需要的大众买方	有思想和有情感的聪明消费者	具有独立思想、心灵和精神的完整个体

（续）

	营销 1.0 时代 产品中心营销	营销 2.0 时代 消费者导向营销	营销 3.0 时代 价值驱动营销
主要营销概念	产品开发	差异化	价值
企业营销方针	产品细化	企业和产品定位	企业使命、愿景和价值观
价值主张	功能性	功能性和情感化	功能性、情感化和精神化
与消费者互动情况	一对多交易	一对一关系	多对多合作

　　为了更好地理解营销 3.0，我们必须了解构成其商业背景的三大推动力，即参与化时代、全球化矛盾时代以及创造型社会时代的到来。通过审视这三个时代的变化，我们可以了解消费者如何变得更具合作性、文化性和人文精神驱动性。理解了这些消费者变化，我们就会更清楚营销 3.0 与合作营销、文化营销和精神营销之间的密切联系。

参与化时代和合作营销

　　在过去的 100 年里，技术进步为消费者、市场和营销带来了巨大的变化。营销 1.0 时代始于工业革命时期的生产技术开发，营销 2.0 时代则是由信息技术和互联网催生的，如今的新浪潮科技正在成为促进营销 3.0 诞生的主要动力。

　　自 2000 年年初起，信息技术逐渐渗透到主流市场并发展成为所谓的新浪潮科技。新浪潮科技指的是能够帮助个体和群体保持互联互动的科技，它包括三个主要组成部分：廉价的电脑和手机、低成本的互联网接入以及开源性软件。[1]新浪潮科技允许个人表达自己以及与他人合作，它的出现正如同太阳微系统有限公司（Sun Microsystems）董事长斯科特·麦克尼利（Scott McNealy）所说的那样，标志着参与化时代的到来。在参与化时代中，人们在消费新闻、观点和娱乐的同时也主动创造它们。新浪潮科技使得人们从被动的消费者变成了产消者（生产型消费者）。

推动这种新浪潮科技发展的力量之一是社会化媒体的兴起。社会化媒体可以分成两大类：一类是表达性社会媒体，其中包括博客、微博、YouTube、Facebook、照片分享网站 Flickr 以及其他各种社交性网站；另一类是合作性社会媒体，其中包括维基百科、Rotten Tomatoes 和 Craigslist 等网站。

表达性社会媒体

首先让我们来看一下表达性社会媒体对营销的影响。2008年年初，著名博客搜索引擎 Technorati 在全球范围内共搜索到1300万个活跃博客。[2]和印刷媒体的阅读情况相似，博客的访问情况在不同国家也有很大的差异。例如，在日本有 74% 的网络用户阅读博客，而在美国这一比例只有大约 27%。但是，尽管美国的博客阅读量较低，其中却有 34% 的读者成为意见影响者（意见领袖）。因此，美国的博客阅读者贡献了 28% 的读后行为活动。[3] 雅虎前副总裁、著名营销专家赛斯·高汀（Seth Godin）[○]成立了一个访问量很大的网站，这个网站每天都推出一个新创意，受其影响的人成千上万。

博客的另一种常见形式，同时也是当前发展速度最为迅猛的社会化媒体是微博。从 2008 年 4 月到 2009 年 4 月，美国 Twitter 网的用户数量增长了 1298%。[4] 这个微型博客站点允许用户向好友群发 140 字以内的信息，此举大大简化了阅读博客的麻烦，因为任何用户都可以使用 iPhone 和黑莓手机等设备轻松地发送和阅读微博信息。大家可以通过微博和好友或"粉丝"分享自己的观点、活动甚至此时此刻的心情。据说美国演员艾什顿·库彻（Ashton Kutcher）在微博上拥有超过 100 万名追随者，受关注程度甚至超过了 CNN（美国有线电视新闻网）。

很多博客和微博都是个人性质的，博主或用户通过它们和选定的人群分享新闻、看法和观点。有些人发表博客和微博是为了表达对新闻的评论、发表意见或是把任何脑中闪过的东西记录下来。还有些博客和微博的目的是对各种企业和产品发表观点，对它们表示支持或批评。如今，一个影响广泛的博客主或微博主可以轻松地左右一大批潜在消费者，鼓励或劝阻他们

○ 高汀是雅虎前副总裁、高产的国际畅销书作者、当代最有影响力的商业思想家之一、《快速企业》杂志专栏作家，他拥有当今世界上点击率和链接率最高的商业博客，荣获"全球最受欢迎的 100 个博客之一"。他的作品包括《许可营销》《喷嚏营销》《大红毡帽》《公司进化》《紫牛》《免费力量大》《营销人都是大骗子》等。——译者注

购买某个公司或组织的产品和服务。

实际上，博客和微博的迅速流行早已被商家看中。例如，IBM 鼓励公司全体员工注册个人博客，只要博客内容不在禁止之列，大家可以自由自在地讨论公司各种大小事宜。通用电气公司也是一个很好的例子，它在公司内成立了微博小组，让年轻员工帮助老员工学习使用各种社会化媒体。

此外，人们还非常热衷于拍摄短片，然后放到 YouTube 视频网站供人欣赏。在这些人当中，一部分是渴望投身电影行业的人，他们希望利用这种方式展现才华，得到更多发展机会。有些是组织机构拍摄的内容，目的是为了争取网民对某个问题或活动的支持或反对。还有些视频是企业为宣传产品和服务内容而制作的。说到这些视频，其中在 YouTube 上播出的一个很有名的短片是马克·艾可（Marc Ecko）的《空军一号》（*Air Force One*）恶搞剧。为了表示对涂鸦文化的热爱，他的服饰公司拍摄了一段视频，视频上有一群年轻人在美国总统的专机空军一号上用喷漆喷出了"涂鸦万岁"的字样，在网络上盛传一时。后来这家公司承认视频中的飞机并不是空军一号，它这么做是想建立一种流行文化效应，宣传公司的品牌。

随着社会化媒体的个人表达性越来越强，消费者的意见和体验对其他消费者的影响也与日俱增，企业广告对消费者购买力形成的作用正在逐渐下滑。此外，由于消费者越来越热衷于视频游戏、DVD 影片、使用电脑等日常行为，他们观看广告的时间也大大缩短。

　　鉴于社会化媒体具有成本低廉和毫无偏见等优势，它必将成为营销沟通的未来选择。在 Facebook 和 MySpace 等社交网站上，好友之间的联系也会成为企业了解市场动态的有效手段。IBM、惠普和微软等公司的研究人员正在大力挖掘社交网络数据，以便为公司员工和消费者提供更好的沟通平台。[5]

合作性社会媒体

　　以开源为特征的合作性社会媒体也是非常重要的一个方面。10 年前，人们开始了解到软件可以通过开源的方式进行共同开发，此后便诞生了 Linux 操作系统。但是，当时大家完全没想到这种合作方式也可以应用到其他行业，那时有谁会想到百科全书也能共同编写，从而出现今天的维基百科呢？

　　维基百科网站的内容是由很多网友共同完成的，他们自愿牺牲时间，为这个共同作品创建了无数主题和条目。截至 2009 年年中，维基百科已推出 235 个语言版本，拥有超过 1300 万篇文章（其中 290 万篇是英文文章）。[6] 这个成绩也许只有《群众的智慧》(We Are Smarter than Me) 一书可以媲美，此书也是由几千人共同完成的，可以称得上是传统出版行业中合作编写的最经典案例。[7]Craigslist 分类网站也是一个很好的例子，它搜集并免费展示几百万条分类广告信息，对依赖卖广告为生的报纸构成了巨大威胁。作为 eBay 公司的部分控股资产，

Craigslist 网站还为大量网络用户开通了广告平台，支持他们在这里发布各种买卖信息。

合作也可以成为创新的新源泉。在《开放商业模式》(*Open Business Models*) 一书中，作者切萨布鲁夫 (Chesbrough) 介绍了企业如何利用众包来寻找新创意和问题解决方法。[8] 一家名为 InnoCentive 的公司在网上发布需要研究和开发的问题，向广大网民寻求最佳解决方案。这家公司欢迎广大企业（方案寻求者）在此公布需要解决的问题，同时邀请广大网友、科学家和研究人员（问题解决者）集思广益，寻找最佳的问题解决方案。一旦最佳解决方案出现，InnoCentive 公司会要求方案寻求者向问题解决者支付相应的现金奖励。与维基百科和 Craigslist 分类广告网站一样，InnoCentive 也是一个促进合作的交易市场。这种大众合作现象在泰普斯科特 (Tapscott) 和威廉姆斯 (Williams) 的《维基经济学》(*Wikinomics*) 中有详尽的描述。[9]

消费者之间强调合作的趋势也开始影响到商业。如今，营销者已经无法全面控制自己的品牌，他们必须向日益强大的消费者团体妥协。威普弗斯 (Wipperfürth) 在其作品《品牌绑架》(*Brand Hijack*)[10] 中曾对这种消费者逐渐取代营销者工作的现象做出过大胆预测。这种现象造成的结果是，企业必须和消费者合作，而它表现出来的第一个特征是营销经理必须学会倾听消费者的呼声，了解他们的想法，并获取市场信息。当消费者开始主动参与产品和服务共建时，企业和他们的合作就会进入一个更深的层次。

趋势观察（Trendwatching）是一家大型趋势调研网络公司，这家公司总结了消费者参与产品共建的行为动机。根据调查，有些消费者是想通过价值创建工作向他人展现自己的能力，有些消费者希望通过这种方式获得自己想要的特别产品或服务，有些消费者是想通过产品共建得到企业的物质奖励，还有些消费者把共建行为作为获得工作机会的保障。当然，也有一些消费者这样做的目的完全是为了寻开心。[11]

宝洁公司在消费者沟通和开发方面做得就很出色，它的营销策略彻底放弃了传统的消费者调研和开发方式。宝洁的营销模式很像一只海星，用《海星模式》(*The Starfish and the Spider*)的作者布莱福曼（Brafman）和贝克斯特朗（Beckstrom）的话来说，这种模式代表了企业未来的营销发展方向，因为它"无头无尾，更像是一群努力协作的细胞"[12]。正是受到这种开放创新计划的影响，宝洁在全球的管理者和供应商才得以源源不断地拥有各种鲜活生动的产品创意。有数据显示，开放创新计划对宝洁的营业收入贡献值高达 35%[13]，公司很多知名产品都是和消费者共同开发创建的，如玉兰油新生焕肤系列产品、速易洁除尘拖把和佳洁士电动牙刷等。这个计划的成功实施表明，除了在软件开发方面，消费者合作在其他行业领域也一样可行。

除了帮助公司开发产品，消费者还能在广告创意方面贡献自己的力量。"多力多滋免费送"广告就是其中之一，这条由用户制作的广告一举赢得第 21 届今日美国超级碗广告点播量榜首的位置，让众多专业广告公司的作品相形见绌。这个案例证明，用户创作的营销作品往往更容易接近消费者，因为它们的相关度更高，更易于被消费者认可和接受。

《消费者王朝与顾客共创价值》[14]（*The Future of Competition*）这本书同样分析了这种消费者参与和合作的重大趋势，该书作者普拉哈拉德⊖（Prahalad）和拉马斯瓦米（Ramaswamy）认为，消费者的传统角色正在发生转变——他们不再是一个个孤立的个体，而是开始汇聚成一股股不可忽视的力量；在做出购买决策时，他们不再盲目地被商家引导，而是主动积极地搜集各种有关信息；他们不再被动地接受广告，而是主动向企业提出实用的反馈。

有鉴于此，营销也就不可避免地发生了演变。在第一阶段，营销活动以产品交易为中心，强调如何实现销售；在第二阶段，营销活动以消费者关系为中心，强调如何维系回头客并增加销量；到了第三阶段，营销开始演变为邀请消费者参与产品开发和信息沟通等活动。

合作营销是营销 3.0 的第一个组成部分。对实践营销 3.0，

⊖ 普拉哈拉德是"核心竞争力"理论创始人之一，他和加里·哈默尔合著的《竞争大未来》是畅销经典著作，被认为是 20 世纪 90 年代最有影响力的管理学著作之一，被誉为"近十年最具影响力的商业书籍"。他是美国密歇根大学商学院公司战略与国际企业管理教授、欧洲工商管理学院及印度管理学院客座教授，被誉为全球最先进的战略思想家之一。——译者注

意欲改变世界的企业来说，光靠合作营销还不够。在经济高度互联化的今天，它们必须学会同其他企业、股东、渠道合作伙伴、员工以及消费者合作。简而言之，营销 3.0 就是企业和所有具有相似价值观和期望值的商业实体之间的密切合作。

全球化矛盾时代和文化营销

对于营销 3.0 时代的消费者态度变化，除了有科技方面的影响作用之外，另一个重要的推动力是全球化。全球化也是由科技推动的，信息技术的变革使得全球范围内国与国之间、企业与企业之间以及人与人之间的信息交流成为现实。同时，运输技术的变革也极大地促进了国际贸易和货物在全球价值链中的交换。和科技的影响因素一样，全球化的触角也延伸到了世界上的每个角落，形成一个庞大无比的互联式经济。和科技因素不同的是，全球化是一把双刃剑，同时具有两种完全相反的作用力。在寻找力量平衡的过程中，全球化往往会造成相互矛盾的情形。

1989 年就是这样一个充满全球化矛盾的年头。分割东西德长达几十年之久的柏林墙轰然倒塌，标志着冷战时代的结束。大卫·哈塞尔霍夫[⊖]（David Hasselhoff）站在倒塌后的柏林墙上，演唱了那首著名歌曲《寻找自由》（*Looking for Freedom*）。

_____

⊖　哈塞尔霍夫是美国著名影视歌三栖明星。——译者注可以说，全球化在"解放"某些国家和人民的同时，也为另一些国家和人民带来了压力。

此外，托马斯·弗里德曼[⊖]（Thomas Friedman）和罗伯特·萨缪尔森（Robert Samuelson）的观点冲突（两人分别代表全球化和民族主义）似乎也证明了全球化的两面性：一方面，弗里德曼在其《世界是平的》[15]一书中认为，整个世界正在变成毫无国界的地球村，由于低廉的运输费用和强大的信息技术，各国之间的货物、服务和人员交流正变得越来越密切和频繁；另一方面，萨缪尔森在其文章"世界依旧是圆的"[16]中声称，由于政治和地区心理因素的存在，国与国之间的壁垒仍将继续存在。全球化一方面为各国参与竞争创造了坚实的基础，同时又为参与这场游戏的各国带来了很大的压力。因此，很多国家才会在全球化如此深入人心的今天大力唱反调，保护自己的国内市场。换句话说，正是全球化的发展导致了民族主义的出现。

显然，全球化的确是充满矛盾的，在此我们至少可以列出两大宏观矛盾。

首先，全球化需要各国高度的经济参与，但并不会因此创造出平等的经济体。正如约瑟夫·斯蒂格利茨[⊜]（Joseph

⊖ 弗里德曼是美国公认最有影响力的新闻工作者，凭借《世界是平的》一书奠定国际趋势大师地位。——译者注

⊜ 斯蒂格利茨是美国经济学家、哥伦比亚大学教授，他于1979年获得约翰·贝茨·克拉克奖，2001年获得诺贝尔经济学奖。斯蒂格利茨曾担任世界银行资深副总裁与首席经济师，提出经济全球化的观点。——译者注

Stiglitz）在其作品《全球化及其不满》[⊖]（*Globalization and Its Discontents*）中所指出的那样，正是由于私有化、自由化和稳定化进程的管理不当，很多第三世界国家在经历全球化之后情况反而变得每况愈下。从经济角度来看，全球化伤害的国家简直和它惠及的国家一样多。即使在同一个国家，全球化也造成了财富分配失衡的现象。如今，全球有数百万富豪，印度有超过50多名亿万富翁，美国首席执行官的平均收入是普通职员的400多倍。不幸的是，与此同时世界上还生活着10多亿赤贫人口，他们每天仅靠不到1美元的收入艰难地维持生计。这便是全球化的经济矛盾。

其次，全球化催生的不是大一统而是多样化的文化。1996年，本杰明·巴伯[⊜]（Benjamin Barber）在其作品《圣战与麦当劳世界的对抗》（*Jihad vs.McWorld：How Globalism and Tribalism Are Reshaping the World*）中声称，当今世界存在两种完全相反的价值观，即部落主义和全球主义。[17] 2000年，托马斯·弗里德曼在《凌志车与橄榄树：理解全球化》[18]（*The Lexus and the Olive Tree：Understanding Globalization*）一书中，曾阐述过全球化（以凌志车为标志）和代表文化、地域、传统和群体性的保守力量（以橄榄树为标志）之间的巨大冲突。全球化在创造世界统一文化的同

⊖ 本书中文版已由机械工业出版社出版。——编者注

⊜ 巴伯毕业于伦敦政治经济学院，获哈佛大学硕士及博士学位，目前在马里兰大学政府与政治学系任教。巴伯的著作包括《强势民主》《圣战与麦当劳世界的对抗》《恐惧的帝国：战争、恐怖主义与民主》等。——译者注

时，也在不断深化各国的传统文化。这便是全球化的社会文化矛盾，此类矛盾对个体或消费者来说具有最直接的影响力。

实际上，全球化带来的矛盾远远不止以上两个方面，但上面的描述足以说明在全球化时代消费者行为模式为什么会发生变化，以及企业为何需要利用营销3.0手段掌握这些趋势。由于现代科技的传播作用，这些全球化矛盾，特别是社会文化矛盾，正在深刻地影响着各个国家、企业和个人，让我们不得不同时承受作为全球化公民和地区性公民所产生的压力。在这种压力下，很多人变得焦虑不安，内心开始出现既冲突又交织的不同价值观。特别是在经济环境不稳定时期，这种焦虑感会成倍增加，表现得十分明显。因此，很多人都把全球化视为全球经济危机的罪魁祸首。

面对这种情况，查尔斯·汉迪⊖（Charles Handy）认为人们不应当解决这些矛盾，而是要学会管理它们。[19] 为了做到这一点，人们必须依赖生活中的连续感，努力寻求和他人建立情感联系，融入所在的社区和社会群体。与此同时，在遭遇全球化带来的矛盾时，人们同样需要一种方向感以满足对仁爱之家⊜和塞拉俱乐部⊜等社会活动的支持。在这种情况下，全球化会

⊖　汉迪是英国当代最负盛名的管理大师。——译者注

⊜　仁爱之家（Habitat for Humanity）是为世界各地穷人免费建筑房屋的世界最大的非营利性志愿团体。——译者注

⊜　塞拉俱乐部（Sierra Club）是美国的一个环境组织，由著名的环保主义者约翰·缪尔于1892年5月28日在加利福尼亚旧金山创办。塞拉俱乐部拥有上百万会员，分会遍布美国和加拿大。

对我们的生活产生积极的影响，它所带来的矛盾能让人们更加关注贫困、社会不公、环境可持续性、社区责任和社会目的等问题。

全球化的这些矛盾给企业带来的一个重要影响在于，如今的公司必须努力为消费者提供生活上的连续感、沟通感和方向感。道格拉斯·霍尔特（Douglas Holt）认为，文化品牌的目标就是要消除社会上的矛盾，它们能解决各种社会、经济和环境问题。正因为文化品牌能够消除一个国家的集体焦虑感，满足其民众愿望，因此它们才具有很高的价值。[20]

文化品牌必须是动态的，因为它们和社会在某个时期内表现出来的特定矛盾息息相关。因此，文化品牌必须始终关注随时会出现的新矛盾。20 世纪 70 年代，可口可乐公司创作了一首名为《我要教世界歌唱》的广告曲。这首广告曲和当时的美国社会情况有很大关联，当时美国国内反对越战的呼声越来越高。如今这首广告曲早已不合时宜了，但听到它的人还是会想起那场文化运动。

为了更好地开发这种具有高度文化关联性的运动，营销者必须懂得一些人类学和社会学知识。他们应当学会识别那些不甚明显的文化矛盾，要做到这一点并不容易，因为人们总是对文化矛盾三缄其口，从不主动谈及。的确，深受文化运动影响的消费者属于多数群体，但他们却是沉默的大多数。他们能够感受到这种矛盾，但在某个文化品牌挺身而出之前，谁也不愿冒天下之大不韪。

　　有时候，文化品牌也会为反全球化运动提供答案。马克·高贝[⊖]（Marc Gobé）在其《公民品牌》（*Citizen Brand*）一书中称，对于漠视社会利益和环境问题的跨国公司，普通人往往认为自己无力和它们抗衡[21]，于是便出现了针对这些企业的反消费主义运动。高贝还指出，人们总是希望看到那些能积极响应消费者、努力造福世界的负责任的品牌形象。这些品牌即公民品牌，它们致力于满足公众利益，在营销过程中坚持正义与公平，唾弃为人所不齿的手段。文化品牌有时候也是民族品牌，对那些厌恶负面国际文化（以全球化品牌为代表）以及想寻求替代品牌的消费者来说，民族品牌能有效地满足他们的心理要求。[22] 从这个意义上说，文化品牌在抵制全球化品牌方面发挥的作用和牛仔与强盗之争颇为相似，一个拼命要占你便宜，另一个则誓死捍卫家园利益。这些文化品牌之所以要大力弘扬民族主义和保护主义，是因为它们要成为所在国的文化象征。

　　文化品牌一般都只和特定的国家相关，但这并不表明全球化品牌就无法成为文化品牌。实际上，有一些知名度很高的全球化品牌也在不断地强化自己的文化品牌形象。例如，麦当劳就把自己定位成一个全球化标志，它要创建出这样一种概念：全球化代表着和平与合作，因此它要让全世界的人都能分享。

　　⊖　高贝是倡导"公民品牌""感性品牌"等概念的全球品牌形象设计大师。——译者注

在《凌志车与橄榄树：理解全球化》中，弗里德曼介绍了"金拱门式冲突预防理论"，即拥有麦当劳分店的国家彼此不会打仗。后来，在《世界是平的》这本书中，他又把这套理论更改成了"戴尔式冲突预防理论"，称戴尔产品服务延伸到的国家不但彼此不会打仗，甚至会一起合作形成全球化供应链。自此之后，戴尔便逐渐取代麦当劳，成为全球化的主要标志。

美体小铺也是一个成功的全球化案例，这家企业以高度重视社会责任和正义性闻名于世。通常来说，全球化和社会正义毫无关系，它只为成本最低、能力最强的胜者鼓掌喝彩。在全球化的世界里，强势的少数派会日益强大，而弱小的大多数只能苟延残喘，造成社会不可避免地出现不公，而这正是美体小铺要努力改变的问题。在很多人眼中，美体小铺积极改善社会平等的做法非常高尚，是残酷冷血的全球化所不具备的特质。尽管这家公司的做法经常被冠以反资本主义或反全球化的帽子，但实际上它的运作理念却是支持全球化市场交换的。美体小铺认为，真正的公平和正义只能通过全球化业务的方式最终实现。

文化营销是营销3.0的第二个组成部分。可以这样说，营销3.0是一种可以解决全球化公民顾虑，满足其愿望的营销方式。践行营销3.0模式的企业必须了解与其业务相关的地区或社区问题。

幸运的是，美国市场营销协会已经在2008年确定了关于营销行为的新定义，其中对公共利益等概念做出了解释。新定义称："市场营销既是一种行为、一套制度，也是创造、传播、传递和交换对消费者、代理商、合作伙伴和全社会有价值的物品的过程。"[23] 通过添加"社会"一词，新定义承认营销是一种超越个人和企业之间进行的私下交易的、具有广泛影响力的行为。同时，它还表明营销需要解决全球化带来的文化问题。

营销 3.0 是一种把文化问题视为企业业务模式核心的营销手段。在后面的章节里，我们将会详细说明采用营销 3.0 模式的公司如何体现对各利益群体的关注，如消费者、员工、渠道合作伙伴和股东等群体。

创造型社会时代和人文精神营销

营销 3.0 的第三个组成部分是创造型社会的出现。创造型社会中的人都是右脑使用者，擅长科学、艺术和专业化服务等创造性工作。按照丹尼尔·平克[⊖]（Daniel Pink）在《全新思维》（*A Whole New Mind*）中的说法，这种社会是人类文明史上发展水平最高的社会。[24] 平克在书中写到，人类从原始社会的猎手和农夫发展到依靠力气的蓝领工人，然后是依靠左脑工作的白领职员，最后直到成为使用右脑的艺术家。同样，科技是这个

　　⊖　平克是美国《连线》杂志的杰出编辑，另著有畅销书《自由工作者国
　　　度》。——译者注

演进过程的主要推动力。

研究表明，尽管从事创造性工作的人数远低于从事普通工作的人数，但前者在社会中的影响力正变得越来越突出。从事这些工作的人往往是善于创造和使用新技术和新概念的人，在新浪潮科技影响下的合作性社会中，他们就像连接器一样紧紧地把消费者联系在一起。他们是最具表达性和合作性的消费者，对社会化媒体的利用程度也最高。他们的生活方式和态度决定着整个社会的动态，他们对全球化矛盾和社会问题的意见左右着其他民众的看法。作为整个社会中思想最前卫的成员，他们热衷于合作性和文化性品牌。同时，作为实用主义者，他们也会大肆批评那些给社会、经济和环境造成负面影响的品牌。

在全球范围内，创造型社会的发展势头正变得势不可挡。在《创意阶层的崛起》[25]（ *The Rise of the Creative Class* ）中，作者理查德·佛罗里达⊖（Richard Florida）以充分的证据表明，美国人正在像充满创意的科学家和艺术家一样工作和生活。他的研究表明，过去几十年中美国在创造性领域的投资、产出和劳动力水平都出现了飞跃式发展。在其后的《创意阶层的起飞》（ *The Flight of the Creative Class* ）中，佛罗里达把这项研究推广到了全球其他国家，他发现欧洲各国也达到了高度的创造型

⊖ 佛罗里达是世界领先的社会理论家出版人，他坚信人类的创造力是经济增长的原动力，认为人人都具有创造力，并且我们的经济增长将史无前例地开始依赖人类自身能力的拓宽。——译者注

社会指标，他设计的这些指标主要以技术先进水平、人才数量和社会宽容度为基础对一国的创造性发展力进行评估和衡量。[26] 他的研究结果表明，创造性群体已成为发达国家经济发展的支柱。历史发展经验也证明了这一点，凡是创造性人群集中的地区，那里的经济发展速度一定高于其他地区。

尽管创造性群体在发达国家的比例较高，但佛罗里达的研究发现并不表示这个群体的存在是发达国家独有的现象。普拉哈拉德在《金字塔底层的财富》(*The Fortune at the Bottom of the Pyramid*) 中描述了创造性在贫困国家的发展状况，他在书中用翔实的案例介绍了如何利用新兴创造力解决农村地区存在的社会问题。斯图尔特·哈特 (Stuart Hart) 和克莱顿·克里斯坦森 (Clayton Christensen) [⊖]对此也表达了相似的观点，他们认为在低收入市场中往往会出现突破性创新[27]，具有创造性的低成本技术经常在贫困国家诞生，而这是因为它们需要这些技术来解决社会问题。例如，饱受贫困问题困扰的印度拥有大量热心于创新科技的人，这个国家正努力成为全球企业的第二办公室。

丹娜·左哈[⊜] (Danah Zohar) 认为 [28]，创造力是人类不同于

⊖ 哈特是康奈尔大学庄臣管理学院管理学教授，美国庄臣公司所属的企业可持续发展全球研究中心主席。北卡罗来纳大学凯南 - 弗拉格勒商学院企业可持续发展中心创始人，密歇根大学"企业环境管理项目"创始人。克里斯坦森是哈佛商学院教授。——译者注

⊜ 左哈是英国企业管理专家，曾在麻省理工学院主修物理和哲学，后在哈佛大学研究所攻读心理学和神学。1990 年出版第一本著作《量子自我》，谈论如何运用量子物理学概念来分析日常言行，进而深入地认识自我、管理自我。——译者注

地球上其他生物的根本原因，具有创造力的人可以形成自己的世界。创造性人群总是不断地改善自己和身边的世界，创造力可以通过人性、道德和精神得到展现。

随着创造性人群的规模在发达国家和发展中国家的日益增长，人类文明正在接近前所未有的巅峰。一个先进的创造型社会的重要特点在于，生活在这个社会中的人已经超越了对生存需求的基本满足，而是把自我价值实现作为人生的第一目标。这些人都是富有表达性和合作性的共同创造者，作为复杂的个体，他们以人类精神为信仰，听从发自内心深处的呼唤。

说到这里我们有必要解释一下亚拉伯罕·马斯洛[⊖]（Abraham H.Maslow）的人类需求层次金字塔理论。马斯洛认为人类需求有五个层次，这些层次从低到高分别是生理需求（生存性）、安全需求、社交需求、尊重需求（主体性）和自我实现需求（意义性）。他认为这些需求必须依次得到满足，即只有在较低层次的需求得到满足之后，人们才会对满足较高层次的需求产生足够的动力。后来，这个人类需求金字塔逐渐演变为资本主义发展的根基。但是，左哈在其《精神资本》[29]（*Spiritual Capital*）中称，天才的马斯洛在临死前曾对自己的理论表示遗憾，认为这个金字塔应该颠倒过来，把自我实现需求作为人类最基本的需求。

⊖ 马斯洛是美国社会心理学家、人格理论家、人文主义心理学的主要发起者。马斯洛对人的动机持整体看法，他的动机理论被称为"需求层次论"，著有《人类动机论》《动机和人格》等作品。——译者注

　　的确，创造性人群是马斯洛需求倒金字塔理论的坚定拥护者。对他们来说，精神性的定义即"重视生活中非物质化的一面，相信永久性现实"，这个定义可以说和创造型社会高度相关。[30] 在现实生活中，很多科学家和艺术家都是这样，他们往往忽略了对物质需求的满足，一心追求自我价值的实现。他们追求的是金钱无法买到的东西，他们渴望的是人生的意义、快乐和精神实现。相比之下，物质方面的满足简直无关紧要，仅仅是心灵满足之余对自己的一个小小奖赏。茱莉亚·卡麦隆○（Julia Cameron）曾说过，艺术家的生活是创造力和精神性的高度统一。[31] 创造力和精神性对艺术家来说至关重要，创造力可以激发精神性，而精神需求作为人性中最伟大的动力，能促进艺术家释放出更卓越的个性创造力。

　　毫无疑问，创造性科学家和艺术家的出现极大地改变了人类看待自身需求和愿望的方式。盖瑞·祖卡夫○（Gary Zukav）在其作品《灵魂之心》[32]（*The Heart of the Soul*）中曾指出，精神性正逐渐取代生存需要成为人类最重要的需求。诺贝尔经济

　　○　卡麦隆是美国小说家、剧作家、词曲创作家和诗人，在影视和戏曲领域享有盛誉。——译者注

　　○　祖卡夫毕业于美国哈佛大学，主修国际政治。曾是一个参加过越南战争的美国特种兵军官，长期饱受愤怒、性上瘾等问题的困扰，通过情绪的觉察，他切身治疗了自身的问题，并成为一位心灵畅销书作者和心灵导师。他是著名的《奥普拉秀》的常客，著有多本畅销书，其中《与物理大师共舞：新物理学概况》获得了美国科学书籍奖，《灵魂所依》曾经长期排在《纽约时报》《今日美国》《洛杉矶时报》等各类畅销书排行榜单第一名。其作品销量高达500多万册，并被译成24种语言。——译者注

学奖获得者罗伯特·威廉·福格尔⊖（Robert William Fogel）同样指出，当今社会越来越重视的是精神需求的满足，而不是物质需求的满足。[33]

伴随着这种社会变化，当今的消费者所寻找的产品和服务不但要满足自己的基本需要，他们更希望能发现一种可以触及其内心深处的体验和商业模式。也就是说，为消费者提供意义感将成为企业未来营销活动的价值主张，价值驱动型商业模式将成为营销3.0的制胜之道。梅琳达·戴维斯⊜（Melinda Davis）在其"欲望计划"中也证实了上述结论，她发现心理上的回报对消费者来说才是最重要的需求，能否提供这种回报将成为营销者之间的终极差异。[34]

那么企业该如何将价值观植入其商业模式呢？理查德·巴雷特⊜（Richard Barrett）认为企业完全可以在和消费者相近的

⊖　福格尔1926年出生于纽约，1948年于康奈尔大学获学士学位，1960年于哥伦比亚大学获硕士学位，1963年于约翰·霍普金斯大学获博士学位。曾任教于美国罗彻斯特大学、剑桥大学和哈佛大学。1981年至今任教于美国芝加哥大学，担任华尔格林美国机构杰出服务经济学教授、人口经济研究中心主任、经济系教员和社会思想委员会成员，1993年获诺贝尔经济学奖。——译者注

⊜　戴维斯是美国知名作家和学者。戴维斯从1996年开始"欲望计划"，集合了学者、官员、工程师、科技怪杰、企业总裁、编舞、艺术家、得奖编剧、营销大师、有创意的教育工作者等，一起研究21世纪的困惑：现代人到底要什么？经过长达6年的研究，戴维斯与"欲望计划"小组发现，现代人最大的危机是要克服内心深处的混乱。"食物、权力、性爱是过去人类的原始欲望。"戴维斯在她的新书《新欲望文化》中指出，"现在，追求内心圆满境界的原始欲望将主导一切。"——译者注

⊜　巴雷特是世界企业学会会员和世界银行价值观协调员，他于1993年创建了世界银行"精神回归协会"，并于1995年组织召开了世界银行第一次伦理道德、精神价值和可持续发展国际大会。巴雷特是公认的个人和企业转变推动者以及世界变革的建筑师，他支持世界各地的领导者建设文化资本，提高人力资源价值，并发展以价值为基础的领导艺术。——译者注

精神层面上指导营销活动，他发现企业可以把人类的不同精神动力层级与自己的使命、愿景和价值观相融合。[35] 然而不幸的是，在现实生活中我们看到太多的公司高唱企业公民意识，但却从不在经营过程中认真实践。此外，还有一些企业承诺社会责任只是为了改善企业的公关形象。营销 3.0 对企业来说不是公关作秀，而是要在企业文化中真实地体现消费者价值。

和创造性人群一样，企业也必须超越自己的物质目标，以企业的自我实现为最终目的。企业必须了解自己的本质、为什么从事这个行业以及未来将何去何从，然后把这些问题的答案写进自己的企业使命、愿景和价值观。只有当企业努力为全人类的利益做出贡献时，消费者才会追随你，利润才会滚滚而来。从企业的角度来看，这就是精神营销，或者叫人文精神营销，即营销 3.0 的第三个组成部分。

营销 3.0：合作性、文化性和精神性营销

总而言之，营销 3.0 时代是一个营销行为深受消费者行为和态度变化影响的时代。由于这个时代中的消费者需要更具合作性、文化性和精神性的营销方式，因此可以说它是一种更为复杂的以消费者为中心的营销时代（见图 1-1）。

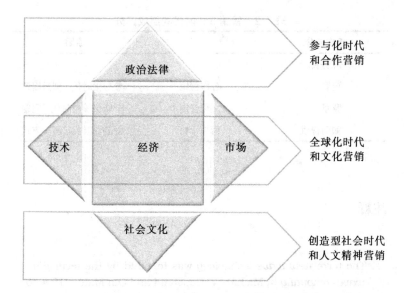

图 1-1 营销 3.0 时代的三大组成部分

新浪潮科技极大地促进了信息、思想和公共观点的广泛传播，使得消费者可以合作开创新价值。技术发展同样推动了政治与法律、经济以及社会文化等方面的全球化，造成社会上各种文化矛盾的频繁出现。技术还引发了创造性市场的诞生，让消费者得以用更具灵性的眼光来看待整个世界。

随着消费者变得越来越具有合作性、文化性和精神性，营销的特点也在悄无声息地发生着变化。表 1-2 总结了营销 3.0 的三大组成部分，我们将在后面各章详细阐述营销 3.0，其中包括如何向各利益相关群体进行营销，以及怎样将其融入企业的商业模式等。

表 1-2 营销 3.0 时代的组成部分

组成部分		原因
服务目标		
内容	合作营销	参与化时代（刺激因素）
背景	文化营销	全球化矛盾时代（问题）
如何提供	精神营销	创造性时代（解决方式）

注释

1. The term *new wave technology* was inspired by the term *fifth-wave computing* in Michael V. Copeland and Om Malik, "How to Ride the Fifth Wave," *Business 2.0*, July 2005.

2. Stephen Baker and Heather Green, "Social Media Will Change Your Business," *BusinessWeek*, February 20, 2008.

3. Rick Murray, *A Corporate Guide to the Global Blogosphere: The New Model of Peer-to-Peer Communications*, Edelman, 2007. ·

4. Steven Johnson, "How Twitter Will Change the Way We Live," *Time*, June 15, 2009.

5. Stephen Baker, "What's A Friend Worth?" *BusinessWeek*, June 1, 2009.

6. From the website <wikipedia.org>, accessed in June 2009.

7. "Mass collaboration could change way companies operate," *USA Today*, December 26, 2006.

8. Henry Chesbrough, *Open Business Models: How to Thrive in the New Innovation Landscape* (Harvard Business School Press, 2006).

9. Don Tapscott and Anthony D. Williams, *Wikinomics: How Mass Collaboration Changes Everything* (New York: Portfolio, 2006).

10. Alex Wipperfürth, *Brand Hijack: Marketing without Marketing* (New York: Portfolio, 2005).

11. *Consumer-made*, www.trendwatching.com/trends/consumer-made.htm.

12. Ori Brafman and Rod A. Beckstrom, *The Starfish and the Spider: The Unstoppable Power of Leaderless Organizations* (New York: Portfolio, 2006).

13. Larry Huston and Nabil Sakkab, "Connect and Develop: Inside Procter & Gamble's New Model for Innovation," *Harvard Business Review*, March 2006.

14. C.K. Prahalad and Venkat Ramaswamy, *The Future of Competition: Co-creating Unique Value with Consumers* (Boston: Harvard Business School Press, 2004).

15. Thomas L. Friedman, *The World is Flat: A Brief History of the Globalized World in the 21st Century* (London: Penguin Group, 2005).

16. Robert J. Samuelson, "The World Is Still Round," *Newsweek*, July 25, 2005.

17. Benjamin Barber, *Jihad vs. McWorld: How Globalism and Tribalism Are Reshaping the World* (New York: Ballantine Books, 1996).

18. Thomas Friedman, *The Lexus and the Olive Tree: Understanding Globalization* (New York: Anchor Books, 2000).

19. Charles Handy, *The Age of Paradox* (Boston: Harvard Business School Press, 1994).

20. Douglas B. Holt, *How Brands Become Icons: The Principles of Cultural Branding* (Boston: Harvard Business School Press, 2004).

21. Marc Gobé, *Citizen Brand: 10 Commandments for Transforming Brand Culture in a Consumer Democracy* (New York: Allworth Press, 2002).

22. Paul A. Laudicina, *World Out of Balance: Navigating Global Risks to Seize Competitive Advantage* (New York: McGraw-Hill, 2005).

23. "The American Marketing Association Releases New Definition for Marketing," Press Release, American Marketing Association, January 14, 2008.

24. Daniel H. Pink, *A Whole New Mind: Moving from the Information Age to the Conceptual Age* (New York: Riverhead Books, 2005).

25. Richard Florida, *The Rise of Creative Class: And How It's Trans-*

forming Work, Leisure, Community and Everyday Life (New York: Basic Books, 2002).

26. Richard Florida, *The Flight of the Creative Class: The New Global Competition for Talent* (New York: HarperBusiness, 2005).

27. Stuart L. Hart and Clayton M. Christensen, "The Great Leap: Driving Innovation from the Base of the Pyramid," *MIT Sloan Management Review*, October 15, 2002.

28. Danah Zohar, *The Quantum Self: Human Nature and Consciousness Defined by the New Physics* (New York: Quill, 1990).

29. Danah Zohar and Ian Marshall, *Spiritual Capital: Wealth We Can Live By* (San Francisco: Berrett-Koehler Publishers, 2004).

30. The definition of spirituality is cited from Charles Handy, *The Hungry Spirit: Beyond Capitalism, A Quest for Purpose in the Modern World* (New York: Broadway Books, 1998).

31. Julia Cameron, *The Artist's Way: A Spiritual Path to Higher Creativity* (New York: Tarcher, 1992).

32. Gary Zukav, *The Heart of Soul: Emotional Awareness* (New York: Free Press, 2002).

33. Robert William Fogel, *The Fourth Awakening and the Future of Egalitarianism* (Chicago: University of Chicago Press, 2000).

34. Melinda Davis, *The New Culture of Desire: Five Radical New Strategies that Will Change Your Business and Your Life* (New York: Free Press, 2002).

35. Richard Barrett, *Liberating the Corporate Soul: Building a Visionary Organization* (Butterworth-Heinemann, 1998).

营销 3.0 的未来模型

世界营销 60 年：简要回顾

过去 60 年中，营销一直是一个让商业世界兴奋不已的话题。简而言之，营销业在此期间经历了三个主要分支的演变，即产品管理、顾客管理和品牌管理。这个演变过程是这样的，营销概念首先从 20 世纪五六十年代的注重产品管理发展到七八十年代的注重顾客管理，然后又进一步发展到 20 世纪 90 年代和 21 世纪的品牌管理。随着人类生活经历不同的阶段，营销概念也随之发生变化，这一点的确非常激动人心。

自从尼尔·博登⊖（Neil Borden）在 20 世纪 50 年代提出"营销组合"以及杰罗姆·麦卡锡⊜（Jerome McCarthy）在 60 年

⊖ 1953 年，博登在美国市场营销学会的就职演说中创造了"市场营销组合"这一术语，其意是指市场需求或多或少地在某种程度上受到所谓"营销变量"或"营销要素"的影响。为了寻求一定的市场反应，企业要对这些要素进行有效的组合，从而满足市场需求，获得最大利润。——译者注

⊜ 麦卡锡于 1960 年在其《基础营销》一书中将营销要素概括为 4 个：产品（Product）、价格（Price）、渠道（Place）、促销（Promotion），即著名的 4P 理论。——译者注

代提出 4P 理论之后，营销概念在不断适应环境变化的过程中经历了重大的转变。[1] 在第二次世界大战后的 50 年代，制造业是美国经济的核心，这种情况一直延续到了 60 年代。在这样的环境下，营销概念的发展单纯注重产品管理方面也就不足为奇了。

营销最初与金融和人力资源管理一样，仅被企业视为支持生产活动的七大重要功能之一，营销的主要功能即为产品创造需求。麦卡锡的 4P 理论简要地解释了当时产品管理的一般性做法：开发产品，制定价格，举办促销和建立渠道。由于战后 20 年的高速经济发展，在这段时间内营销业除了一些战术上的方针变化之外，完全没有而且似乎也不需要任何创新。

但是，这一切很快就发生了变化。20 世纪 70 年代，由石油危机导致的滞胀席卷美国和整个欧洲经济。由于经济增长发动机的位置由"亚洲四小龙"取代，欧美经济的萧条期一直延续到 80 年代。在经济充满不确定性的背景下，创造需求变得越来越难，这就导致营销理念开始突破 4P，寻找新的发展方向。当时的企业状况是，顾客需求减少，产品之间为赢得客户而盲目竞争。与此同时，消费者在这 20 年中开始变得越来越聪明，在他们眼中，企业生产的各种产品简直和大宗货物无异，根本没有清楚的市场定位。商业环境的变化迫使营销专家们绞尽脑汁，努力寻求更好的对策。

在这种情况下，更多的营销因素诞生了，如消费者、流程、物证、公众观点和政治权力等，它们大大扩充了原有的4P 理论。[2] 但是，此时的营销 1.0 模式还是维持着原来的战术性本质。或许是因为经济下滑而因祸得福，营销业终于在需求不足的情况下引起了商业界的重视。为刺激产品需求，营销概念开始从单纯的战术角度上升到了全新的战略角度。营销者意识到，要想有效地创造需求，必须改变以"产品"为中心的营销活动，用"顾客"取而代之，成为新的营销核心。于是，包括 STP 战略在内的顾客管理学应运而生。此时的营销已经不再是一种战术手段，由于关注重心已经从产品转移到了顾客身上，营销开始成为一种战略手段。自此之后，STP 战略营销理论的发展便后来居上，一直领先于此前的 4P 理论。战略营销模型的出现标志着现代营销业的诞生，即营销 2.0 时代的起源。

在第 1 章中，我们曾介绍过，1989 年是全球化的引爆点，这一年发生了很多相互矛盾的国际大事。同样，1989 年也是营销业的引爆点。20 世纪 90 年代初，个人计算机逐渐进入主流生活，互联网开始迅速发展。伴随着计算机网络化，人类也开始变得高度互联。网络运算带来的是越来越深入的网民互动，同时也极大地促进了口碑效应的传播。在互联网的影响下，信息无处不在，不再是稀缺资源，消费者由于高度互联而变得高度信息灵通。

为了适应这些新变化，世界各地的营销者又一次改革了营销概念，使其专注于人类情感需求。在此背景下，新的营销概念纷纷诞生，如情感营销、体验营销、品牌资产营销等。显然，采用先前的以顾客为目标的传统市场定位模型已经无法继续创造需求，现在营销者必须同时关注消费者的内心需要。因此，20世纪90年代和21世纪出现的营销概念大多反映了品牌管理这个新的要素。

回望60年发展之路，我们发现营销业经历了几个重要阶段，其间出现的新概念繁多。图2-1总结了自20世纪50年代以来营销行业出现的主要概念，从中我们不难看出，正是由于营销业本身的巨大活力，以及营销者为更好地了解市场、顾客、竞争对手和合作伙伴而不懈开发新思路的努力，才造就了如此丰富的营销观点和工具。

营销的未来：水平化而非垂直化

营销的未来将取决于两个方面，一是其目前发展状况，二是其长期走势。近年来，全球企业都经历了自20世纪30年代大萧条以来最严重的经济衰退。这场经济衰退主要是由于信贷政策过于宽松，无论是抵押贷款、信用卡，抑或是商业或住房贷款，由于信贷政策宽松而导致无力偿还债务的情况比比皆是。在这场危机中，银行、贪得无厌的投资商、投机者、垃

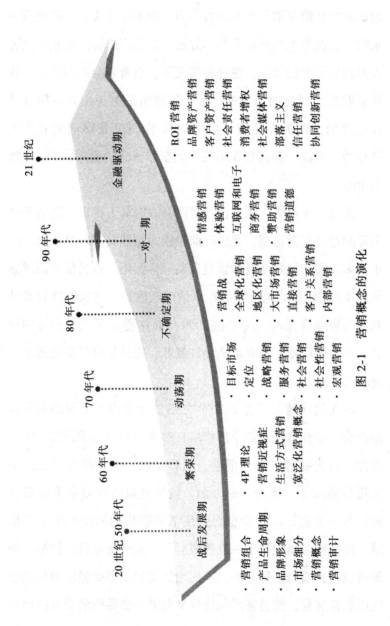

图 2-1 营销概念的演化

圾证券交易商可谓是罪魁祸首。当金融泡沫迸裂、房产价值跳水时，无论穷人还是富人都不好过，富人们的资产缩水，而穷人们则变得更加贫困。在这种情况下，消费者会缩减开支，转而采购更加便宜的品牌和产品。这种情形对美国来说简直是灾难性的，因为在美国经济中 70% 的 GDP 是靠消费者支出带动的。因此，美国企业不得不大量裁员，失业率从 5% 激增至 10%。

面对这种形势，刚上台的奥巴马政府马上推出了高达千亿美元的经济刺激计划。美国政府希望为企业打一剂强心针，防止更多公司像贝尔斯登和雷曼兄弟一样倒闭，或是像美国国际集团（AIG）和通用汽车那样申请破产保护。这次经济刺激计划发布得非常及时，终于在 2009 年年中稳住了美国经济的颓势，但是该计划并没有承诺经济复苏，充其量也只是宣布会出现缓慢好转。

现在的问题是，在 2010 年之后的十年内，美国的消费者是否会一改昔日挥金如土的作风，继续捂紧自己的钱袋子呢？显然，过去那种"今日消费，明日还款"的生活方式已经不大可能重演了。因为，一方面，美国政府正计划紧缩信贷管理；另一方面，消费者也对过度消费带来的风险产生了恐惧感，他们更希望能攒下一点钱应对下一次经济危机。但是，如果消费者普遍持这种心态，不愿增加支出，那么经济增长就会变得非常缓慢，而经济增长放缓又会进一步导致消费者持观望态度，这两者正好形成互相作用的恶性循环。换句话说，营销者要做的就是想尽办法让消费者消费，把他们的钱从口袋里掏出来。

当然，传统的营销 1.0 和营销 2.0 在这样的情况下并没有完全失去作用。如今，营销依然需要开发细分市场、选择目标市场、确定产品定位、提供 4P 信息以及建立产品品牌等。但是商业环境的变化，如经济萧条、气候问题、新型社会化媒体、消费者增权、新浪潮科技和全球化，全都要求营销活动实现深刻而持续的变革。

实际上，新的营销概念总是随着商业环境的不断变化而推陈出新。最近，麦肯锡咨询公司发布了一份调查报告，其中列出了 2007 ～ 2009 年金融危机之后商业发展的十大趋势[3]，其中一个重要趋势是企业经营所面对的市场正日益转变为低信任度市场。芝加哥布斯 - 凯洛格学院金融信任指数调查表明，对于把钱投资给大公司的做法，如今大部分美国人都持否定态度，他们认为这些企业不值得信任。然而，信任感的丧失对垂直市场来说是双向的，在消费者普遍不信任企业的同时，金融机构也拒绝继续向消费者提供信用。

实际上，我们的信任感并没有缺失，它只是从垂直关系转化成了水平关系。如今，消费者对彼此的信任要远远超过对企业的信任，社会化媒体的兴起本身就反映了消费者将信任从企业向其他消费者的转移。根据尼尔森全球调查报告，现在几乎

没有多少消费者关注企业制作的广告，更不会以此来引导自己
的购买行为[4]，他们认为消费者之间的口碑作用往往比企业广
告可靠得多。根据这份调查，约有90%的消费者相信朋友或
熟人推荐的产品，70%的消费者信任网络上的顾客观点。来自
另一家调查咨询公司 Trendstream & Lightspeed 的研究也表明，
消费者似乎更愿意相信社交网络上的陌生人，而不愿听从产品
专家的指导建议。

　　所有这些调查研究其实都在警告企业：消费者已经对商
业经营失去信心。对此，也许有人认为这只是商业道德问
题，完全超出了营销者的能力范围。但不幸的是，实际上营
销对此确实难辞其咎。营销在人们眼中已经和销售画上了等
号，它同样靠说服艺术来打动消费者，有时候甚至会操纵消费
者。即使在现代营销诞生之后，关注消费者的意识得到了巨
大提高，但营销行为还是常常会夸大产品功能，以此来实现
销售。

　　我们不妨读读几十年前埃克森美孚公司的一个小故事，
2009 年这家公司已经在《财富》500 强企业中高居榜首。

　　　　20 世纪 80 年代初，埃克森石油公司组织了一次
　　员工会议，会议上宣读了公司几条新的"核心价值"，
　　其中排在第一位的是"顾客是第一位的"。当天晚上
　　在聚餐时，几位部门经理讨论起了会议上的话题。这

时，一个名叫蒙蒂的刚出道的影星走过来敬酒，他大大咧咧地说："我想说的是，顾客并不是第一位的。"蒙蒂把手指向部门总裁说："他才是第一位的。"然后他指着欧洲区总裁说："他是第二位的。"他又指着北美区总裁说："他是第三位的。"随后他又连说了四位部门总裁，最后才总结道："消费者是第八位的。"这番话让大家全都目瞪口呆，过了好一阵儿有位总裁突然笑了起来，随后众人全都大笑不止，因为终于有人讲出了这一整天中的第一句实话。[5]

　　虽然这个故事发生在几十年前，但故事中的场景并没有在当今社会中消失。实际上，尽管很多营销者不愿承认，但他们心里的确没有把消费者放到第一位。不过，虽然营销活动对消费者信心的丧失难辞其咎，但它还是有很大机会来解决这个问题。毕竟，营销可以说是最接近消费者的一种管理手段。

　　我们认为，现在必须破除营销者和消费者相互对立的两分法概念。实际上，营销者应当认识到，他们在营销任何产品或服务的同时也是其他产品或服务的消费者。同时，消费者也必须意识到，当他们每天向其他人分享消费体验时，自己所扮演的也是营销者角色。因此，每个人既是营销者也是消费者。如今，营销已经不再完全是一种营销者向消费者施加的行为，消费者也可以向其他消费者展开营销。

通过对过去 60 年营销业发展变化的观察，我们发现过去的营销概念基本上都是垂直化的。现在，企业要想重新获得消费者的信任，就必须采用我们建议的"新型消费者信任体系"，即水平化的信任体系。如今的消费者喜欢聚集在由自己人组成的圈子或社区内，共同创造属于自己的产品和消费体验，只有那些令人心动和钦佩的产品特征才会吸引他们走出自己的圈子。他们总是疑心重重，因为他们觉得在自我圈子之外优秀的产品特征非常罕见。但是，一旦他们发现具备这些特征的产品或服务，马上就会成为其忠实的支持者和传播者。

为了取得成功，企业应当认识到，当今的消费者正变得越来越欣赏协同创新、社区化和特征塑造能力，见表 2-1 所示。下面，我们就来分析一下构成未来营销基础的这三个方面。

表 2-1　营销的未来

营销分支	今日营销概念	未来营销概念
产品管理	4P（产品、价格、渠道、促销）	协同创新
顾客管理	STP（市场细分、目标市场、定位）	社区化
品牌管理	品牌塑造	特征塑造

协同创新

"协同创新"一词最早是由普拉哈拉德提出的，用以描述新的创新方式。普拉哈拉德和克里施南（Krishnan）在《普拉哈拉德企业成功定律》（*The New Age of Innovation*）中，曾详细观察了企业、消费者、供应商和渠道合作伙伴形成有机网络共同创建产品和服务的新方式。[6] 他们认为，产品体验绝非一种单独的产品感受，它是由那些可创建产品最大价值的所有个体消费者产生的体验总和。当个体消费者体验产品时，他们会根据自己独特的需要和期望将这种感受个性化。

协同创新包括三个主要过程：首先，企业必须建立所谓的"平台"，即可进行消费者定制的一般性产品；其次，允许某个群体中的个体消费者定制化该平台，以满足自己独特的需要；最后，整合消费者的定制化信息，根据这些反馈来丰富平台内容。这种做法在开源软件开发中非常普遍，我们认为它同样可以应用到其他行业。企业必须学会利用消费者水平化网络中的协同创新能力来帮助营销。

社区化

科技不仅把世界上的国家和企业连接起来，推动它们走向全球化，而且还把消费者连接起来，推动他们实现社区化。社区化的概念和营销中的部落主义概念非常接近，赛斯·高汀在其作品《部落》（*Tribes*）中指出，消费者更愿意和其他消费者而不是和企业相关联。[7] 如果企业想接受这种新趋势，就必须帮助消费者实现这种需求，让他们更便利地形成圈子相互沟通。高汀认为，要想实现成功营销，企业必须取得消费者圈子的支持。

按照哈佛商学院教授苏珊·福尼尔（Susan Fournier）和李拉瑞（Larry Lea）的观点，消费者可组成池状、网状或星状社区。[8]池状社区是指消费者共享相同的价值观，但并不和其他成员互动，吸引他们走到一起的是对某个品牌的信仰和强大关联。这种类型的社区属于典型的品牌热衷者群体，值得企业重点培育。网状社区和池状社区的不同之处在于，社区内的成员存在互动关系。这种社区属于典型的社会化媒体社区，成员之间存在深刻的一对一影响关系。星状社区和上面两种情况有所不同，群体内的成员会围绕某个明星人物形成忠实的粉丝团。这种对消费者社区的划分方式和高汀的看法不谋而合，高汀认为消费者群体的组成方式有三种，分别是相互影响型（即网状社区）、领袖引导型（即星状社区）和观点支撑型（即池状社区）。高汀、福尼尔和李拉瑞都认为，社区的存在目的并不是为企业服务，而是为其成员服务。有鉴于此，企业必须积极参与这些消费者社区，努力为其成员服务，这样才有机会展开营销。

特征塑造

为了更好地和消费者建立关联，品牌必须具备某种真实可信的基本要素，以此作为区别于其他品牌的核心。这种基本要素应当反映品牌在消费者社交网络中的形象，只有具备独特基本要素的品牌才能在生命周期内形成自己的特征。在当今营销领域中，实现品牌差异化已经变得非常困难，而要实现令消费者感到真实可信的差异化品牌简直难上加难。

詹姆斯·吉尔摩（James Gilmore）和约瑟夫·派恩二世（Joseph Pine）[⊖]在其作品《真实经济》[9]（Authenticity）中指出，今天的消费者在观察品牌时一眼便能看穿本质，了解它们是实至名归还是徒有其表。因此，企业必须兢兢业业，提供名副其实、不掺半点水分的产品和服务；千万不能广告里挂羊头，行动时卖狗肉，这样只会让自己的声誉每况愈下。在消费者信任关系日渐水平化的时代，失去任何一个消费者的信任就意味着失去一个潜在的购买群体。

通往人文精神营销之转变：3i 模型

在营销 3.0 中，企业必须把消费者视为一个完整的人来对待。史蒂芬·柯维[⊜]（Stephen Covey）认为，一个完整的人包括四个方面：健全的身体、可独立思考和分析的思想、可感知情

⊖　吉尔摩和派恩二世是策略地平线公司共同创办人及畅销书《体验经济》的共同作者。吉尔摩在弗吉尼亚大学达顿商学院兼任讲师，派恩二世是未来设计学会和欧洲体验经济中心的共同创办人和资深研究员。——译者注

⊜　柯维是著名演讲家，畅销书《高效能人士的七个习惯》的作者，被美国《时代周刊》誉为"思想巨匠""人类潜能的导师"，入选影响美国历史进程的 25 位人物。——译者注

绪的心灵，以及可传达灵魂或世界观的精神。[10]

在营销行业中，提出和消费者思想建立关联的概念始于阿尔·里斯（Al Ries）和杰克·特劳特⊖（Jack Trout）的经典作品《定位》（*Positioning*）。[11] 在这本书中，两人提出了这样一个概念，即产品必须独特且有意义地定位到目标顾客的心智中。沃尔沃公司的营销者就是这样做的，他们成功地在消费者心目中树立起"沃尔沃汽车最安全"的观点。

但是不久之后，营销者发现人类心理中情感的一面也同样需要关注。光靠说服理智的思想显然还不够，营销者还必须把产品定位到消费者的内心。于是，情感营销便应运而生了。介绍情感营销的作品有很多，如伯德·施密特⊜（Bernd Schmitt）的《体验营销》（*Experiential Marketing*）、马克·高贝的《高感性品牌营销》（*Emotional Branding*）、凯文·罗伯茨⊕（Kevin Roberts）的《至爱品牌》（*Lovemarks*）等。[12]

⊖ 特劳特是定位之父，曾任特劳特战略定位咨询公司总裁，该公司是世界上著名的营销咨询公司之一。他和阿尔·里斯合著的作品还包括《营销革命》《商战》等，特劳特经典著作中文版已由机械工业出版社出版。——译者注

⊜ 施密特是美国康奈尔大学博士，哥伦比亚商学院国际品牌管理中心创立者兼主任，哥伦比亚市场营销管理高级管理培训项目副主任，上海中欧商学院（CEIBS）市场营销学系主任。致力于企业和品牌标识、国际营销和战略营销、产品定位和宣传方面的研究。——译者注

⊕ 罗伯茨是全球最大的广告创意公司盛世长城国际广告有限公司的全球CEO，剑桥大学工商学院和管理评判研究院的客座CEO，同时还在爱尔兰林默瑞克大学、新西兰 Waikato 大学管理学院兼任企业可持续发展方面的教授。——译者注

　　情感营销的成功案例有很多，例如霍华德·舒尔茨领导下的星巴克咖啡、理查德·布兰森管理的维珍集团以及史蒂夫·乔布斯率领的苹果公司，星巴克咖啡营造的"第三场所"理念、维珍的"非常营销"和苹果的"创造性想象"都是情感关联营销的成功之作。这些营销手段直指消费者内心情感，非常好地激发了人们的感觉认同。

　　当营销开始关注消费者的精神层面时，它便发展到了第三阶段。在这个阶段，营销者应当努力了解消费者的焦虑和期望，像史蒂芬·柯维（Stephen Covey）所说的那样去"解开灵魂密码"，和消费者建立更深层次的关联。企业应当把消费者视为具有思想、心灵和精神的完整个体，其中对精神上的关联尤其不能忽视。

　　在营销3.0时代，营销应重新定义为由品牌、定位和差异化构成的等边三角形。[13] 要想完善这个三角形，我们必须引入3i概念，即品牌标志（brand identity）、品牌道德（brand integrity）和品牌形象（brand image）。在消费者水平化时代，品牌只强调定位是徒劳无益的。消费者或许会牢牢地记住某个品牌，但此举并不表明这是一个良好的品牌。此时的定位纯粹就是一种主张，其作用仅仅是提醒消费者小心虚假品牌而已。换句话说，没有差异化，这个三角形就是残缺不全的。差异化可以说是反映品牌完整性的最根本的特征，是保障品牌实现服务承诺的充分证明。从本质上说，差异化就是企业如何保证向顾客提供自己承诺的服务和满意度，差异化只有和定位一起发挥作用才能创建出良好的品牌形象。在营销 3.0 中，这个三角形只有在完整无缺时才会构成一个真实可信的模型（见图 2-2）。

图 2-2　3i 模型

品牌标志是指把品牌定位到消费者的心智中。在市场信息杂乱无章的今天，要想让消费者一下子就注意到你的品牌，这种定位就必须是新颖、独特的。同时，它还必须和消费者的理性需求和期望相一致。品牌道德是指营销者必须满足在品牌定位和差异化过程中提出的主张。品牌道德决定着企业能否实现承诺，能否让消费者信任自己的品牌，其目标是要获得消费者的精神认同。品牌形象是指和消费者形成强烈的情感共鸣。企业的品牌价值应当对消费者的情感需求形成吸引力，而不能仅仅停留在满足产品使用功能的水平上。通过这个三角形，我们可以看出它能很好地和消费者的心智、心灵和精神形成全面关联。

这个模型的另一个重要之处在于，在营销 3.0 中，营销者应把品牌同时定位到消费者的心智和精神中去，这样才能打动他们的内心。定位可以引发对购买决策的理性思考，品牌需要真正的差异化来吸引精神、确认决策，最终在心智和精神两方面的作用下，内心便会引导消费者采取行动，做出购买决定。

例如，约翰逊父子公司（S.C.Johnson & Son, Inc.）对自己的定位是"一家可持续性的、历经五代发展的、专营家用消费产品的家庭式企业"，其中所突出的差异点是可持续的商业模式。自从普拉哈拉德在《金字塔底层的财富》（这是一本介绍如何用盈利性以及可持续发展模式为贫困人口服务的作品）中提出"金字塔底层"[14]（即每天收入不到一美元的群体）的说法之后，这个概念很快便流行起来。但是，真正将这一理念付诸实施的企业却没有几个，约翰逊父子公司便是其中之一，他们率先在肯尼亚等贫困国家为生活在最底层的人展开了服务。过去几年中，这家公司一直都在按照为"金字塔底层"服务的目标而积极努力，对此斯图尔特·哈特曾在其作品《十字路口的资本主义》（Capitalism at the Crossroads）中有详细说明。由此可见，该公司的品牌确实具备高尚的道德将自己定位成"可持续性的、历经五代发展的家庭式公司"（见图 2-3）。

图 2-3　约翰逊父子公司 3i 营销模型

　　天伯伦公司（Timberland）也是一个强调品牌道德的典范，它的品牌定位是"成为一家出色的户外鞋类和服饰公司"（见图 2-4）。为此，公司采用了坚定的差异化策略来支持品牌定位。天伯伦推出了著名的"服务之路"活动，鼓励员工参与社区义工服务。经过时间的考验，这一差异化策略最终得到了很好的证明。1994 年，天伯伦公司的净利润从 2250 万美元降至 1770 万美元；1995 年，公司的销售继续低迷，首次爆出收益损失。此时，很多人认为其"服务之路"计划会被迫取消，但天伯伦公司领导者并不这样看，他们把社区义工服务视为企业的一个基本组成部分，认为它标志着公司品牌的不同之处和真实之处。因此，这一计划一直持续至今。[15]

图 2-4 天伯伦公司 3i 营销模型

3i 模型和社会化媒体背景下的营销也高度相关。在信息爆炸和社区网络化的时代，消费者的权力变得越来越大，企业必须采取高度一致的"品牌＋定位＋差异化"手段才能实现营销目的。在这样一个强调口碑效应、消费者信任圈子成员胜于信任企业的时代，虚伪的品牌是肯定不会有任何生存机会的。诚然，社会化媒体中也充斥着欺骗和谎言，但在消费者群体表现出的集体智慧面前，它们很快就会被揭穿。

在社会化媒体中，一个品牌就像是一个成员，品牌标志（如同企业化身一样）的好评程度是由社区内所有成员的体验累积而成的。在这种情况下，任何一个负面评价都会在社区内损害品牌道德，摧毁品牌形象。社会化媒体中每一位用户都很清楚，为保持公正中立的立场，社区内的意见领袖对品牌的评判非常苛刻。营销者必须意识到这种趋势并学会融入这种趋势。真正聪明的做法应当是无为而治，千万不要试图控制消费者圈子或社区，企业应顺势利导，让社区内的成员主动为你展开营销。简而言之，你要做好的就是老老实实地兑现企业承诺，让企业的品牌在消费者心目中变得真实可信。记住，营销3.0时代是一个消费者彼此进行水平沟通的时代，垂直控制对他们丝毫不起作用，企业只能靠诚实、特性和可靠来赢得消费者的青睐。

通往价值驱动营销之转变

为了把品牌定位到消费者的心智、心灵和精神中，营销者必须了解消费者的焦虑和期望。在当今充满全球化矛盾的时代，消费者的一般性焦虑和期望是：他们希望整个社会和全世界能变得更美好，更适合人类生活和居住。因此，有志于成为楷模的企业必须把消费者的梦想牢记心头，并努力为世界带来改变。

有些企业会利用慈善行为来推动社会或环境方面的变化。有这样一种观点，企业慈善行为是建立良好商业模式的一种非常有效的途径。[16] 首先，它会吸引企业领导对社会问题的关注，鼓励他们进行个人或企业捐赠。其次，做出捐赠的企业会发现慈善行为同时具有营销价值。但可惜的是，这两种方式往往都很难成功。因为采用第一种方式的企业经常是冲动之举，无法把慈善作为企业发展的基本目标加以常态化。同样，采用第二种方式的企业往往作秀的成分比较多，很难兑现承诺。实际上，很多企业都无法像天伯伦那样，在企业经历危机时仍坚持推行义工制度。因此，很多消费者会感到这些企业不真诚，认为它们口惠而实不至，目的只是想借机销售。

使命、愿景和价值观

为了把善行义举并入企业文化并保证言出必行，最好的方式莫过于把它们视为企业使命、愿景和价值观的一部分，企业领导必须把这些内容当作经营企业的最基本要素。在这方面，保罗·多兰[⊖]（Paul Dolan）管理的费杰葡萄园做得非常成功。[17]多兰意识到，要想让费杰葡萄园成为一个具有可持续发展能力和令人敬佩的企业，就必须把企业对消费者的承诺根植于最基层员工的思想中，只有这样才能让员工认真对待这些承诺。

彼得·德鲁克[⊜]（Peter Drucker）曾指出，建立使命或许是

⊖ 多兰是加州第四代酿酒师，他于 1992 年成为费杰葡萄园的总经理，在他的管理下，费杰成了美国规模最大且最负盛名的酿酒厂之一。多兰出版有个人作品《企业之根》。——译者注

⊜ 德鲁克对世人有卓越贡献及深远影响，被尊为"大师中的大师"。德鲁克以他建立于广泛实践基础之上的 30 余部著作，奠定了其现代管理学开创者的地位，被誉为"现代管理学之父"。德鲁克经典著作中文版已由机械工业出版社出版。——译者注

企业应向非营利组织认真学习的第一课。[18] 他认为成功的企业在制定发展规划时首先应考虑的并不是经济回报，而是企业的使命。当企业树立了正确的发展使命时，经济回报就会自然而然地产生。

有人把使命定义为描述企业经营业务的一种声明。但是我们认为，在动态化的商业环境中，企业业务范围的定义也是不断变化的。因此，我们倾向于对使命做出一个更为持久的定义，即企业成立的目的，这个定义反映了企业存在的基本目标。在描述企业使命时，企业应尽可能地总结一些基本原则，这样做有利于确定企业的可持续发展能力。

受查尔斯·汉迪的理论启发，我们在此用甜甜圈来代表企业的使命。[19] 简单地说，甜甜圈理论认为，生活就像是一个反过来的甜甜圈，即面团在内，空心在外。用这个视角来观察生活，我们会发现它的核心是固定不变的，而核心之外的部分是灵活可变的。与此相对，企业的使命是固定不变的核心，日常经营和业务范围是可变的，但它们同时又必须和核心使命保持一致。

相对而言，企业使命毕竟是公司成立时确定的，代表着过去的观点，而企业愿景则意味着对未来的看法。愿景可以定义为对企业未来理想状态的展望和描绘，它阐述的是公司渴望实现或达到的成就。为做到这一点，企业需要在确定使命的前提下虚构出一幅未来发展图景。在此，我们使用指南针代表企业愿景，寓意是它引导公司的未来发展方向。

除此之外，企业的价值观也是一个不可忽视的方面，它可以被定义为"企业的制度化行为标准"[20]。由于企业大多遵循相同的价值周期，因此我们在此使用车轮代表价值观。价值观阐述的是一组企业优先权，在管理过程中这些优先权往往被反复强调，以此强化那些能够惠及企业以及企业内外部群体的行为。作为这种力量的结果，企业的价值观反过来也会得到进一步巩固。

如果把上面的企业要素和消费者要素结合到一起，就会形成一个价值坐标体系。在这个坐标体系的水平轴上，我们看到企业必须努力赢得现在和未来消费者的心智、心灵和精神；而它的垂直轴显示的则是企业的使命、愿景和价值观（见图 2-5）。对一个品牌来说，尽管向消费者提供产品水平上的性能体验和满足感很重要，但其最高发展目标是要实现消费者的情感渴望并以某种形式体现出同情心。它不仅要对现在和未来的股东承诺盈利能力和投资回报率，还要承诺企业的可持续发展能力。同时，企业还必须让自己的品牌变得更好、更加与众不同，对现在和未来的员工更有影响力。

例如，约翰逊父子公司把对社会和环境可持续发展的承诺作为企业的使命、愿景和价值观（见图 2-6）。在践行"为社区做贡献，同时维持和保护好环境"的企业使命的过程中，约翰逊父子公司不但提供了各种产品来满足消费者的基本需求，还通过邀请顾客参与环保实践的方式（促销可重复使用的购物袋）实现了他们的愿望，并通过服务财富金字塔底层的目标定位体现出了同情心。

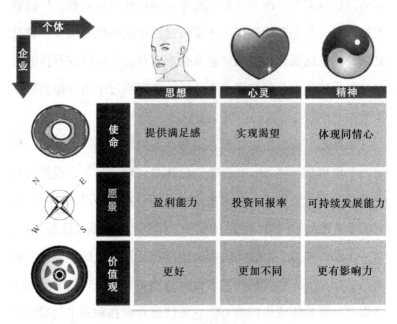

图 2-5 价值构成模型

公司的愿景规划是：在可持续发展原则指导下，提供创新服务满足人类需求，努力成为业界领袖。该愿景的实现方式包括盈利性发展以及获得相关的奖项。此外，公司还发布了公众报告，和消费者共享在可持续发展领域实现的成就。

约翰逊父子公司的价值观深深根植于三条底线，即经济价值、环境健康和社会进步。为了把这些价值观定位到现有员工和未来员工的心智、心灵和精神中，公司制定了三底线原则。
通过强调企业的根本动力来自员工，公司的价值观便定位到了
消费者心智中；为了把价值观定位到消费者内心，公司积极聘
用职业母亲并荣获相关称号；通过努力寻找可改善环境和社会
可持续发展能力的机会，公司的价值观成功地定位到了消费者
心智中。

	心智	心灵	精神
使命 为社区福利做贡献，同时维持和保护好环境	家庭和消费产品线	促销可重复使用型购物袋	为财富金字塔底层服务
愿景 在可持续发展原则指导下，提供创新服务满足人类需求，努力成为业界领袖	对约翰逊父子公司来说，创建可持续经济价值意味着既要帮助社区繁荣，又要实现企业盈利性发展	获得荣·布朗企业领导奖	**持续性价值：**约翰逊父子公司公众报告
价值观可持续性 我们创造经济价值，我们努力实现环境健康，我们推动社会进步	我们深信企业的根本动力来自于员工	成为最受职业母亲欢迎的 100家企业之一	寻找可改善环境和社会可持续发展能力的机会

图 2-6　约翰逊父子公司价值构成图

　　下面我们再来看看天伯伦公司的价值构成情况。天伯伦公
司的使命很简单：让自己的产品变得更好（见图 2-7）。通过提
供高质量产品，公司满足了消费者的产品需求；通过强化店面
设计，公司提升了消费者的情感体验；通过把企业使命当作商

业口号，公司很好地赢得了消费者的精神认同。

	心智	心灵	精神
使命 让自己的产品 变得更好	高质量产品	户外店设计	商业口号： 做得更好
愿景 成为 21 世纪 全球富有社会责 任感的企业模范	利润增长	股票表现	可持续性主 要绩效指标
价值观 人性 谦卑 诚实 卓越	在企业总部， 员工努力工作， 生产全球最具创 新性的产品	《财富》100 强 中最值得员工 向往的企业	服务之路

图 2-7　天伯伦公司价值构成图

天伯伦公司的愿景是：成为 21 世纪全球富有社会责任感的企业模范。由于过去几年公司在愿景方面取得显著成就，现在它可以利用这些成就来向股东进行推销和宣传。从理性角度分析，公司的利润增长率充分证明了其愿景的可靠性；从情感角度分析，公司优秀的股票表现对消费者也形成一种诱惑；从精神角度分析，公司的可持续主要绩效指标也反映了企业的愿景目标。

对其员工而言，天伯伦公司确立的价值观是人性、谦卑、诚实和卓越。为此，公司采用了各种方式来体现这些价值观。

其中最重要的当属其"服务之路"计划，该计划为企业员工提供了很好的践行上述价值观的机会。

营销 3.0：营销的意义，意义的营销

通过研究 3i 营销模型，我们不难发现营销 3.0 的新意义。营销的巅峰在于品牌标志、品牌道德和品牌形象三大概念的完整融合。简而言之，营销就是要清晰地定义企业独特的品牌标志，然后用可靠的品牌道德加以强化，最终实现建立强大品牌形象的目标。

营销 3.0 同时也是意义的营销，而这些意义需要整合到企业的使命、愿景和价值观中去。通过这种方式来定义营销，我们希望可以把营销提升到一个新的高度，即成为参与设计企业战略未来的一个重要力量。显然，营销已不再是一种简单的销售或需求创造工具了，现在它应当被视为可以帮助企业赢回消费者信任的主要希望。

注释

1. Neil Borden mentioned the term "marketing mix" in 1953 in his American Marketing Association presidential address. The four Ps were later introduced in Jerome McCarthy's *Basic Marketing: A Managerial Approach* (1st edition) (Homewood, IL: Irwin, 1960).

2. Public opinion and political power were added by Kotler in 1984; people, process, and physical evidence were added by Boom and Bitner in 1981.

3. Eric Beinhocker, Ian Davis, and Lenny Mendonca, "The Ten Trends You Have to Watch," *Harvard Business Review*, July–August 2009.

4. "Personal Recommendations and Consumer Opinions Posted Online Are the Most Trusted Forms of Advertising Globally," press release (New York: The Nielsen Company, July 7, 2009).

5. Art Kleiner, *Who Really Matters: The Core Group Theory of Power, Privilege, and Success* (New York: The Doubleday Broadway Publishing Group, 2003).

6. C.K. Prahalad and M.S. Krishnan, *The New Age of Innovation: Driving Co-created Value through Global Networks* (New York: McGraw-Hill, 2008).

7. Seth Godin, *Tribes: We Need You to Lead Us* (New York: Portfolio, 2008).

8. Susan Fournier and Lara Lee, "Getting Brand Communities Right," *Harvard Business Review*, April 2009.

9. James H. Gilmore and B. Joseph Pine II, *Authenticity: What Consumers Really Want* (Boston: Harvard Business School Press, 2007).

10. Stephen R. Covey, *The 8th Habit: From Effectiveness to Greatness* (New York: Free Press, 2004).

11. Al Ries and Jack Trout, *Positioning: The Battle for Your Mind* (New York: McGraw-Hill, 1981).

12. For further reading, see Bernd H. Schmitt, *Experiential Marketing: How to Get Customers to Sense, Think, Act, Relate to Your Company and Brands* (New York: Free Press, 1999); Marc Gobé, *Emotional Branding: The New Paradigm for Connecting Brands to People* (New York: Allworth Press, 2001); Kevin Roberts, *Lovemarks: The Future Beyond Brands* (New York: Powerhouse Books, 2004).

13. The original Brand-Positioning-Differentiation Triangle can be found in Philip Kotler, Hermawan Kartajaya, Hooi Den Huan, and Sandra Liu, *Rethinking Marketing: Sustainable Marketing Enterprise in Asia* (Singapore: Pearson Education Asia, 2002).

14. C.K. Prahalad, *The Fortune at the Bottom of the Pyramid: Eradicating Poverty through Profits* (Philadelphia: Wharton School Publishing, 2005).
15. James Austin, Herman B. Leonard, and James W. Quinn, "Timberland: Commerce and Justice," Harvard Business School Case, revised December 21, 2004.
16. Marc Benioff and Karen Southwick, *Compassionate Capitalism: How Corporations Can Make Doing Good an Integral Part of Doing Well* (Franklin Lakes, New Jersey: The Career Press Inc., 2004).
17. Paul Dolan and Thom Elkjer, *True to Our Roots: Fermenting a Business Revolution* (New York: Bloomberg Press, 2003).
18. Peter F. Drucker, "What Business Can Learn from Nonprofits," *Classic Drucker* (Boston: Harvard Business School Press, 2006).
19. Charles Handy, "Finding Sense in Uncertainty" in Rowan Gibson, *Rethinking the Future: Rethinking Business, Principles, Competition, Control and Complexity, Leadership, Markets, and the World* (London: Nicholas Brealey Publishing, 1997).
20. Reggie Van Lee, Lisa Fabish, and Nancy McGaw, "The Value of Corporate Values," *strategy+business*, Issue 39.

第二篇

战　略

第 3 章

向消费者营销企业使命

消费者是品牌的真正拥有者

还记得 1985 年的新可乐案例吗？在不到三个月的时间里，由于消费者的强烈反对，可口可乐公司被迫全面收回市场中的新可乐产品。[1] 实际上，消费者所反对的并不完全是新可乐的口味。20 世纪 80 年代中期，可口可乐已成为美国流行文化的一部分，消费者对其品牌以及秘不示人的配方形成了高度的情感关联。但是，新可乐的推出彻底切断了这种关联，让消费者感到非常愤怒，因此才会发起声势如此浩大的反对活动。有意思的是，与此同时在加拿大，新可乐上市后得到了消费者的广泛接受，这是因为可口可乐在这里并不像在美国那样拥有偶像产品的地位，人们对其品牌的变化自然反应也就没那么强烈了。在美国，这场营销活动对可口可乐公司来说简直是一场耗资不菲但却血本无归的失败。通过这件事，可口可乐公司终于认识到了消费者对原有品牌的忠实程度。

同样的案例在 21 世纪的今天依旧在上演，这一次的主角换成了以倡导低价时尚的北欧家具而闻名的宜家家居。2009
年，作为一项降低成本的措施，宜家决定把以前使用的印刷字
体从特立独行的 Futura 换成普通实用的 Verdana。[2] 结果，此
举引发了消费者的强烈反对，讨伐声迅速在传遍了 Twitter。这
件事表明，对于已经拥有良好形象的品牌，消费者会不遗余力
地捍卫，而社会化媒体的推波助澜则是导致这一风波迅速扩大
影响范围的主要原因。

　　新可乐事件发生后，很多营销专家都认为这是一个典型的
产品开发失败案例。可口可乐公司管理层显然误解了市场研究
结果，因此对消费者的需求和期望做出了误判。但是，当类似
的错误发生在宜家时，我们看到它所引发的负面效应已经不只
是开发失败那么简单了。实际上，当一个品牌的使命深深植入
消费者的心智、心灵和精神之后，它就变成了消费者所有的品
牌。可口可乐和宜家所犯的真正错误在于，它们对自己品牌使
命的了解还不如消费者深刻。

　　在消费者心目中，可口可乐早就超越了饮料这样一个概念，
它已经成为一种美国式快乐的象征。早在 20 世纪 30 年代，可
口可乐品牌就通过圣诞老人形象深入千家万户；1971 年，公司
推出的广告曲"我要教世界歌唱"让处于社会动荡期的美国人
感受到了快乐心情；公司神秘的生产配方甚至被人们视为制造
快乐的秘密。2009 年，可口可乐公司发起了名为"打开快乐"
的营销活动。在此之前的 1977 年，可口可乐公司因为保护生

产配方机密而不惜退出印度市场。对可口可乐公司来说，推出新可乐只是想借助新口味在与百事可乐的竞争中胜出，但对消费者来说，此举无疑篡改了快乐象征背后的秘密。不过这次营销事故对可口可乐公司来说也并非一无是处，至少它让公司明白了这样一点：消费者强烈认同可口可乐品牌的使命——带来快乐。

　　同样，宜家也是一个行业偶像品牌，它代表的是一种时髦和有品位的生活方式。在宜家风靡世界之前，低价家具意味着具备实用功能但却缺少时尚感的家具。但宜家很快就改变了这种观点，它推出的自助安装式家具不但价格适中，而且充满个性设计。宜家的品牌使命是：为聪明的消费者生产价格适中的时尚家具。宜家更换字体的做法或许会改善其产品的适价性，但却意外地扼杀了时尚设计的因素。因此，对那些坚定拥护品牌使命的消费者来说，这个举动的确很不明智。尽管在宜家看来，摒弃原来较为美观的 Futura 改用更常见的 Verdana 字体可以节省大量成本，但在消费者眼中这种行为是对其忠诚信仰的背叛，是对品牌使命中"聪明消费者"一词的亵渎。这便是商业行为偏离品牌使命的代价。

　　这两个案例向我们传达了一个很重要的信息：在营销 3.0 时代，一个品牌获得成功后便不再属于企业本身了。采用营销 3.0 模式的公司必须认识到这样一个现实，即企业想对品牌施加影响几乎是不可能的事情。现在，企业品牌已经变成消费者所有，品牌使命已经成为消费者的使命。企业所能做的只有一件事，那就是努力让自己的营销行为符合品牌的使命。

正确使命的定义

品牌使命的构思并不像想象的那么简单。想要用一句简单的宣言把品牌的存在意义提炼出来并不容易，要想让它富有创意免于流俗就更加困难。实际上，为构思品牌使命感到苦恼的人不在少数。杰克·韦尔奇[⊖]（Jack Welch）和妻子苏茜曾连续三年举行为期两天的座谈会，每次他们都邀请 100 多位企业执行官参加。让他们感到惊奇的是，在这些企业老总中，有 60% 的人坦言公司根本没有使命宣言；至于其余 40%，他们的使命宣言也大多是仿照别人改编的，全都是假大空的套话。³

斯科特·亚当斯[⊖]（Scott Adams）的"呆伯特"官网上曾有

⊖ 韦尔奇从入主通用电气起，在短短 20 年间，他将一个弥漫着官僚主义气息的公司，打造成一个充满朝气、富有生机的企业巨头。在他的领导下，通用电气的市值由他上任时的 130 亿美元上升到了 4800 亿美元，排名也从世界第十提升到第一。他所推行的"六西格玛"标准、全球化和电子商务，几乎重新定义了现代企业。他被誉为"最受尊敬的CEO""全球第一 CEO"和"美国当代最成功最伟大的企业家"。如今，通用电气旗下已有 12 个事业部成为各自市场上的领先者，有 9 个事业部能入选《财富》500 强。韦尔奇带领通用电气从一家制造业公司转变为以服务业和电子商务为导向的企业巨人，使百年历史的通用电气成为真正的业界领袖级企业。——译者注

⊖ 亚当斯是美国著名漫画作家，以创作"呆伯特"系列漫画闻名。——译者注

一个叫"使命宣言自动生成器"的小程序，可以把随机生成的行业术语组合起来，构成一句使命宣言。有了这个小程序，你可以创造出成千上万条无比气魄但却不知所云的使命宣言。例如这一条："我们的任务是不断改善世界级的基础设施，快速创立以原则为中心的企业资源以满足消费者的需求。"[4]这个程序现在已经找不到了，不过估计也没几个人真正会去使用它。

本书的目的不是提供新的使命宣言模板，我们是想告诉大家正确品牌使命的三大特征（见图3-1）。在营销3.0时代，创建一个正确的使命意味着引入一种新的、可改变消费者生活的商业观点。在此，我们借用了美体小铺创始人安妮塔·罗迪克（Anita Roddick）的著名说法，把这一概念称为"不同寻常的业务"。我们认为，在每一个正确使命的背后都有一段不为人知的经历，因此在向消费者传播使命时就必须有一个动人的故事。公司使命中蕴涵的不同寻常的观点只有进入主流市场才能造成重大影响。换句话说，有了不同寻常的观点和动人的幕后故事还不够，要想实现公司使命还必须有消费者的参与，因此消费者增权也是一个很关键的因素。

图3-1 正确使命的三个特征

不同寻常的业务

　　寻找富有创意的商业理念是每个刚成立的企业都梦寐以求的。《哈佛商业评论》每年都推出一张名为"突破性创意"的榜单，列举全球最具创意的商业理念。不过，我们所要寻找的理念应当是那些尚未成为他人突破性创意的理念，这就需要企业领导者具备战略远见。但是，这种能力非常罕见，只有那些深谋远虑和极富领袖气质的领导者才会拥有，他们在过去几十年中提出了很多伟大的商业创意。（见表 3-1，其中列举了部分具有远见的企业领导者并分析了他们改变常规经营的方式。）他们的个人使命和企业的品牌使命密不可分，甚至可以说是浑然一体。有时候，具有远见的领导者不一定是某个理念的创新者或先驱人物。实际上，像赫伯·凯勒赫（Herb Kelleher）、安妮塔·罗迪克和比尔·盖茨这样的领导者都是从其他公司得到的经营灵感和启发，但最终却是他们把这些理念发扬光大，是他们让这些品牌变得对人类生活更有意义。

表 3-1　不同寻常的业务以及远见型领导者的品牌使命

领导者	品牌	不同寻常的业务	品牌使命
英格瓦·坎普拉德	宜家	首创折叠式家具和自助服务体验店（20 世纪 60 年代），让家具零售商极大地缩减了成本	生产时尚适价的家具
理查德·布兰森	维珍	1970 年提出在同一个品牌下成立多业务企业，在公司内部采用非常规业务模式，近期准备和维珍银河公司开发商业太空之旅	为枯燥的行业带来刺激

（续）

领导者	品牌	不同寻常的业务	品牌使命
沃尔特·迪士尼	迪士尼	开创成功的动画人物形象，并通过特许经营和主题公园等方式成功进入主流商业圈	为家庭创建魔法世界
赫伯·凯勒赫	西南航空	凯勒赫不是最早提出低价航空理念的人，此模式和企业文化源自成立于1949年的太平洋西南航空公司，但是他在1971年把低价航空引入主流市场并影响了全球商业模式	让人人都能坐飞机
安妮塔·罗迪克	美体小铺	这个品牌名称是罗迪克借用他人的，其理念来自于1976年美国某公司的循环使用包装，且社会积极主义运动也是10年后才偶尔为之，但这些因素都没有阻止她的成功。她提出每一种化妆品背后都有一个故事	在商业中实现社会积极主义
比尔·盖茨	微软	虽然不是业界先锋，但盖茨早在1975年就在主流市场中引入了操作系统概念；通过利用网络效应，他成功地把软件变成了电脑运算不可缺少的一部分	让运算无处不在
史蒂夫·乔布斯	苹果	采用时尚的反文化手段，以Mac电脑、iPod和iPhone等产品改变了计算机、音乐和电话行业；苹果公司还和皮克斯公司合作改变了动画电影产业	让消费者享受科技
杰夫·贝佐斯	亚马逊	利用亚马逊网站改变了图书和其他产品的零售方式，利用Kindle电子书改变了图书的存在形式	更便捷地传递知识
皮埃尔·奥米德亚	eBay	利用eBay网站连接买方和卖方，利用用户评分系统和贝宝等手段促进了网上交易和管理	创造用户管理的市场空间

（续）

领导者	品牌	不同寻常的业务	品牌使命
吉米·威尔士拉里·桑格尔	维基百科	自 2001 年起，维基百科开始重新定义百科全书编纂方式；沃德·康宁汉开发的维基式合作法迅速流行起来	建立公众编辑的百科全书
马克·扎克伯格	Facebook	社会化网络并非扎克伯格首创（2002 年乔纳森·艾布拉姆斯首创 Friendster 网，2003 年克里斯·迪沃夫和汤姆·安德森成立 MySpace 网，Facebook 于 2004 年才成立），但他通过 Facebook 平台和 Connect 服务扩展了社会化网络理念，使之得到了更广泛的延伸和认知	利用社会化网络建立商业平台
瑞德·霍夫曼	LinkedIn	LinkedIn 网站引入了在线人才网络和新的人才信息管理方式，业界认为此举即将结束传统的求职简历	连接全世界的职业人士
杰克·多尔西	Twitter	Twitter 网成立于 2006 年，率先提出互联网微博理念；用户利用它可以随时向自己的交际圈广播动态消息	提供可跟踪好友和其他兴趣的工具

　　这些能够把小小的理念变成现实的领导者才是真正有影响力的领导者。戴伊（Day）和舒梅克（Schoemaker）在对 119 家跨国企业进行深入调查后发现，在高度互联的经济中确实存在"蝴蝶效应"。[5] 所谓蝴蝶效应就是指世界一端的一个微小变化会引发另一端的一系列重大变化。对企业来说，如果领导者抓住了细节上的微小改变，那么公司就有可能实现重大的突破。当然，要做到这一点，企业领导者不能是只关注内部事务的运

营管理者，他们必须善于探索和发现，形成由外及内的思维模式。戴伊和舒梅克把这种企业领导者称为"警惕型领导者"，即那些具有高度意识、机敏和意愿水平，敢于根据零星信息采取冒险行动的领导者。迈克尔·麦考比（Michael Maccoby）把这种领导者称为"自恋型领导者"，即那些具有自恋性格特征，敢于无视多数人观点做出大胆决策的领导者。[6]

我们在表 3-1 中还添加了这些企业令人信服的品牌使命，它们全都反映出彼得·德鲁克这样一种观点：企业经营应当从正确的使命开始[7]，经济方面的考虑应该放在第二位。显然，表 3-1 中的不少企业都是这样的。例如，亚马逊网站直到 2001 年才开始盈利，此前它已经为坚持自己的商业理念苦苦奋斗了7 年。[8]而 Twitter 至今仍未确定其商业模式，到现在还不知道该怎样实现盈利化服务。[9]2007 年，Facebook 创始人马克·扎克伯格坚持认为公司应当关注的重心是如何建立网络社区，而不是急着退出经营寻找买家，但这恰恰是很多网络新兴企业的惯常做法。[10]有意思的是，尽管对这些富有远见的企业领导者来说，财务目标从来都不是他们关心的重点，但他们具有高度使命感的品牌却成功地吸引了大批风险投资资金的支持。

值得注意的是，正确的使命永远都是处于不断变化之中的。营销 3.0 的目的就是要改变消费者在生活中的行为方式。当品牌带来变化时，消费者就会毫无意识地接受这些变化，把品牌视为日常生活的一部分，这就是人文精神营销的本质所在。

派恩二世和吉尔摩在《体验经济》[⊖]（*The Experience Economy*）中称，当体验经济成熟时，变革经济时代便会到来。[11] 我们认为，变革经济，即企业提供的是让消费者改变生活的体验，已经悄然发生了。

品牌使命不必是复杂深奥、令人费解的理念。实际上，它们应当尽量简洁，以便灵活设置业务范围。关于这一点，我们不妨来看看富有远见的领导者是如何采用不同战略实现企业使命的。史蒂夫·乔布斯利用 Mac 电脑、iPod 和 iPhone 三种产品实现了企业使命，每种产品都影响了一个不同的行业；杰夫·贝佐斯在成功建立亚马逊网站之后又推出了 Kindle 电子书。由此可见，企业必须不断重新思考该怎样追求自己的使命。为做到这一点，企业必须时刻创新，不能永远依靠创始人实现的成就，这就需要企业上下各级领导者齐心协力为企业使命努力。有人认为企业理想和愿景是属于高层领导的战略层次上的问题，但这并不表明企业的基层管理者就不能拥有展望愿景的能力。例如，诺尔·迪奇[⊜]（Noel Tichy）在其作品中写道，通用电气公司一直都提倡在企业内部培养领导者。[12] 2006 年，通用电气为企业高管组织了为期四天的 LIG（领导力、创新和

⊖　本书中文版已由机械工业出版社出版。——编者注

⊜　迪奇是世界知名的领导力变革专家，"有效教学循环"理念的实践者，密歇根商学院教授，全球领导力项目主任，通用电气公司克罗顿维尔领导力发展中心的前任主席，曾被《商业周刊》评为世界最有才华的十位管理大师之一。——译者注

成长）培训活动，该活动的主要目的是帮助企业培养可实现商业扩展计划的领导者。通用电气公司首席执行官杰夫·伊梅尔特（Jeff Immelt）认为，这项活动成功地把成长并入了公司的基本发展方向，丰富了通用电气公司的企业使命。[13]

打动消费者的故事

美国著名剧作家罗伯特·麦基（Robert Mckee）认为，说服观众有两种截然不同的方法[14]：第一种，罗列一堆事实和数据证明你的观点，让对方进行理性判断；第二种，同时也是他认为更有效的方法，围绕你的观点写一个动人故事，引发对方的情感呼应。在向消费者推出新产品时，苹果公司总裁史蒂夫·乔布斯总是选择利用第二种方法。实际上，乔布斯的确是商业领域中讲述故事的大师，他总是先从一个故事开始讲起，等故事讲完，他才介绍有关产品的各种功能和特性。

1983 年秋天，年轻的乔布斯发布了轰动一时的"1984"广告，向高端消费者推出 Mac 电脑。他声情并茂地讲述了为什么 1984 年标志着计算机行业的伟大转变。在他的描述下，Mac 电脑成了抵抗 IBM 一统天下的孤胆斗士。乔布斯称，苹果电脑是经销商和消费者打破计算机世界垄断格局的唯一希望，是他们享受自由选择的唯一希望。无独有偶，2001 年，在推出 iPod 产品时，乔布斯同样发表了激动人心的演说。他把 iPod 描绘成人人可以拥有的、能够把一生的歌曲装进口袋

里的移动音乐厅。2007 年，他又以承诺实现变革为题推出了
iPhone 手机。乔布斯把 iPhone 描述成一款将音乐、电话和互
联网融为一体的、具有革命性意义的、智能化的、易于操作的
掌上设备。正是凭借着这些吸引人的故事，乔布斯成功地实现
了苹果公司的使命——完成过去 25 年来计算机信息处理技术、
音乐和电话三大行业中最伟大的变革。

　　不过，乔布斯讲述的故事还只是一个开始，苹果品牌更完
整的故事还在由众多作者不断续写着，其中包括苹果公司的职
员、渠道合作伙伴以及最重要的力量——消费者。在消费者
关系高度水平化的今天，构思品牌故事的关键力量之一便是集
体智慧。随着越来越多的消费者参与其中，这些故事将不断地
被续写，企业永远也不清楚市场中流传的故事最后是怎样的结
局。因此，它们必须在一开始讲述时以真实可靠的故事来打动
消费者。

　　霍尔特认为，一个品牌故事至少应包括三个主要组成部
分：特征、情节和隐喻。[15] 当一个品牌成为解决社会问题或改
变人们生活的某个运动的象征时，它便具备了很好的特征。这
一点也正是霍尔特有关文化品牌营销的核心理论。一旦某个品
牌在文化运动中脱颖而出，它便会成为一个文化品牌。例如，
美体小铺是社会积极主义的象征，迪士尼是家庭理想的象征，
维基百科是合作的象征，eBay 是用户管理的象征。简而言之，
品牌应当承诺企业业务的不同寻常性，并为消费者提供文化层

次上的满意度。

为了让品牌故事中的特征和消费者生活产生关联，必须有好的故事情节。奇普·希思和丹·希思[⊖]（Chip and Dan Heath）兄弟在《让创意更有黏性》（*Made to Stick*）中提出，好的故事情节有三种模式，即挑战、联系和创意。¹⁶ 圣经中大卫与歌利亚[⊖]（David and Goliath）的故事是经典的挑战型情节，在这种故事情节中，品牌一开始都很弱小，它们必须挑战强大的对手或跨越巨大的困难并最终获得胜利。美体小铺就是一个很好的例子，它讲述的故事是如何组织发展中国家的农民对抗不公平的贸易制度，是明显的挑战型故事情节。《心灵鸡汤》（*Chicken Soup*）系列图书采用的是联系型故事情节，在此类情节中，品牌发挥了沟通日常生活差异的纽带作用，如种族差异、年龄差异、性别差异等；像 Facebook 网等社会化媒体品牌采用的也是联系型故事情节。至于创意型故事情节，最好的案例莫过于电视剧《百战天龙》（*MacGyver*）里的主角马盖先，无论身处何种困境他总是能机智地找到脱身办法。在现实生活中，维珍集团就是这样一个采用创意型故事情节的品牌，其总裁理查

⊖　奇普·希思现任斯坦福大学商学院组织行为学教授。丹·希思是杜克企业教育学院咨询师，哈佛商学院前研究员，Thinkwell 新媒体教育公司创办人之一。——译者注

⊖　《圣经》记载，腓力士将军歌利亚拥有无穷的力量，所有人看到他都要退避三舍。不过，当时还是小孩子的大卫却用投石机打中了歌利亚的脑袋，并割下他的首级。最终，大卫统一了以色列，成为著名的大卫王。在西方传统中，大卫战胜歌利亚隐喻着正义战胜邪恶。——译者注

德·布兰森在企业经营中曾多次扮演马盖先类型的角色。

大多数远见型领导者不会虚构故事情节，他们只需在日常经营中稍加留意便可信手拈来，因为在他们身旁从不缺少精彩的故事。也正是因为这个原因，他们讲述的故事才格外吸引人，让人感同身受。不过，话虽如此，你作为领导者必须非常敏感，能随时从生活中发现这些故事。为帮助企业领导者做到这一点，杰拉尔德·扎特曼[⊖]（Gerald Zaltman）和林赛·扎特曼（Lindsay Zaltman）提出了名为"深度隐喻"的理论。[17] 深度隐喻是那些在人类童年时代毫无意识地烙印在心底的故事，利用扎特曼隐喻诱引技术（ZMET），我们可以把这些隐喻抽取出来，以理解这些故事是怎样形成以及消费者对这些故事会做出怎样的反应。扎特曼的七种隐喻模型被称为"七巨人"，它们基本上代表了 70% 的人类心理隐喻，这七种模型分别是平衡、变化、旅程、容器、联系、资源和控制。

在采用扎特曼隐喻诱引技术时，研究人员让消费者搜集一些照片，然后把它们拼接起来，通过和受访者一起进行分析，我们可以解读出蕴涵在这些拼接画中的隐喻。例如，下意识采用"平衡"隐喻的人，在分析其关于饮食的拼接画时会说出"身体超重"的表达，或是在分析其有关求职的拼接画时会说出"就业平等"之类的表达。这些信息对于把改善消费者饮食

⊖ 杰拉尔德·扎特曼，哈佛商学院荣誉教授，著有 20 多部作品。他提出的扎特曼隐喻诱引技术主要用于探究人类无意识思维对行为模式的影响，该技术已申请专利。——译者注

或促进就业机会多样化作为品牌使命的企业来说非常关键。如果消费者通过旧车抵现金方式购买了更环保的普锐斯汽车，丰田公司应当意识到这种行为体现出的是一种"变化感"，完全可以用来构思一个感人故事。同样，当消费者使用"旅程"隐喻时，可能会做出"要度过危机任重而道远"之类的表达。理解了这一点，企业就可以更好地在经济萧条时期建立品牌。

　　"容器"隐喻代表着两种不同含义，即保护或陷阱。来自贫困地区的人会把贫穷视为一种阻碍其寻找外部发展机会的陷阱，而上了年纪的员工会把养老金视为未来生活的保障。这些隐喻可以帮助企业了解消费者的生活背景情况。"联系"隐喻强调的是人际关系，通过它企业可以认识到消费者及其人际圈的关系如何，了解到友情以及成为某个品牌的支持者对他们来说有何种意义。史蒂夫·乔布斯在讲述 iPhone 的故事时采用的是"资源"隐喻，在他的诱导下，消费者真切地感受到了把音乐、电话和互联网融为一体的巨大威力，因此拥有一部 iPhone 就表明消费者拥有了某种特殊的资源。另外，在流行病肆虐的时代，消费者会表达出无力控制疾病传播的忧虑，反过来说他们能够控制的只有自己的免疫力，这便是"控制"隐喻在构成品牌故事时可供参考的案例。

　　特征是一个故事的中心要素，它们象征着消费者如何从人文精神的角度理解品牌。情节的作用是穿针引线，说明这些特征如何在人群中发展，并最终形成一个个鲜活的消费者故事。

隐喻是发生在人类精神世界的无意识过程，具有良好隐喻效果的故事会轻松引发消费者共鸣，让他们感到信以为真。综上所述，打动观众的故事必须同时具备特征、情节和隐喻这三个部分。企业应当注意，建立一个正确的品牌使命固然十分艰巨，想要生动传神地把它传播出去同样也不轻松。

消费者增权[⊖]

《时代周刊》每年都会选出全球 100 位最有影响力的人物，但从未评选过 100 位最知名的人物，至少没有正式评选过。不过，《时代周刊》允许用户在网络上评选自己认为最知名的人物。根据 2009 年的评选结果，和美国总统贝拉克·奥巴马以及参议员泰德·肯尼迪一起入选的还有一个 21 岁的大学生，这个网名叫 moot 的神秘人物是 4chan.org 网站的创办者，他以超过 1600 万张选票击败其他候选人，成为 2009 年全球最有影

⊖ Empowerment，增权理论，也被译为充权。增权最初由西方政治学家为解决种族问题而提出，其观念源自 20 世纪七八十年代社区心理学、心理健康与社会工作的许多文献。empowerment 是 empower 的名词，在《韦氏新世界词典》中 empower 的定义是 "把力量或权威给某人""把能力给某人""使能"。以上定义是假设力量是可以透过某人给予某人，但 Hess、Staples、Parsons 等学者认为力量是不太可能给予的，而是必须由个体本身去发展或获得。所以 empower 应是指个体发展、增加力量；empowerment 即是发展、增加力量的过程。许多学者曾尝试提出充权的架构，1990 年 Gutierrez 提出完整的增强观点应从个体本身、人与人之间及政治 / 社区三方面发展与增强力量，使个体能采取行动，改善生活情形；而 Ann、Rutherford 等学者亦指出充权意味着人们可以用自己的力量挣脱生活中所受到的束缚，试着追求自己想要的东西。更复杂一点的看法是指让人突破现时所面对的限制，不论是制度上的约束或是被歧视等。——译者注

响力的人物之一。《时代周刊》称，他的网站每天有 1300 万次访问量，每月吸引 560 万人访问。

这件事说明，在人际关系水平化时代，人们喜欢支持那些草根人物。这些草根人物其实就是广大民众的化身，是一群行走在企业巨人脚下的势单力薄的消费者。有鉴于此，企业要想追求品牌使命，就必须让消费者产生一种权力感，让他们意识到品牌的使命属于消费者，实现这些使命的责任在于消费者。也就是说，企业不但要学会吸引消费者，更要对他们产生影响。的确，作为消费者，个人的力量是很渺小的，但他们汇集起来的力量却是任何企业都无法抵挡的。

消费者集体力量的价值源自于网络的价值。这种网络可以是一对一、一对多或是多对多的关系。当企业利用广告宣传品牌故事时，在消费者网络中成员之间便会形成一对一的传播关系。以太网发明人罗伯特·梅特卡夫（Robert Metcalfe）把这种现象总结成了梅特卡夫定律[一]，即在一对一传播的情况下，一个有 n 名成员的网络，其效用为 n^2。但是这条定律低估了成员关系为一对多或多对多时产生的网络效用，换句话说就是消费者同时与多个消费者进行对话时的影响力。幸好，里德定律[二]

[一] 梅特卡夫定律（Metcalfe's Law），即网络的有用性（价值）随着用户数量的平方数增加而增加。换句话说，某种网络，比如电话的价值随着使用用户数量的增加而增加。——译者注

[二] 里德定律（Reed's Law），里德定律称："随着联网人数的增长，旨在创建群体的网络的价值呈指数级增加。"——译者注

对此进行了总结，该定律经常用来说明社会化媒体中的一些现象。[18] 里德认为，在多对多传播的情况下，一个有 n 名成员的网络，其效用为 2^n。这样一来，网络成员数量在大于 5 的情况下，多对多传播所产生的网络效用永远大于一对一传播。这道简单的数学题向我们清晰地揭示了消费者增权这一重要概念。

实际上，除了广泛号召消费者参与的大型活动之外，快速消费品行业也越来越重视采用消费者增权的方式来实现品牌使命。[19] 例如，高露洁品牌的使命是"让人们微笑起来"，为此公司推出了一项名为"微笑"的消费者增权活动。该活动鼓励消费者把微笑的照片贴到网上，和其他参与者一起分享快乐。汰渍洗衣粉的品牌使命是"清洁所有衣物"，为此公司推出了"汰渍承载希望"计划，鼓励消费者向受灾群众伸出援手。消费者可以通过捐赠或前往灾区做义工等方式，帮助汰渍公司在灾区成立流动自助洗衣房。

消费者增权是实现消费者对话的平台，多对多对话可以让消费者网络变得无比强大。当消费者都保持缄默时，再动人的品牌故事也毫无意义。在营销 3.0 中，对话就是新的营销方式。例如，在亚马逊网站，读者写书评和向好友推荐作品的情形非常常见；在 eBay，消费者对买卖双方评分，靠留言决定交易者信誉的方式也非常普遍。为此，网上甚至出现了专供消费者查看评论和留言的网站 Yelp.com，你甚至能在上面查到自己家周围的店铺评论信息。显然，所有这些都是鼓励消费者对话的具体措施。

在这些对话中，消费者不但会查看企业的品牌和品牌故事，还会对此做出自己的评定。积极赞扬的评语和较高的评分会显著地影响其他消费者对品牌故事的接受程度。

熟悉亚马逊和 eBay 的人都知道，由于网络意见的表达总是肆无忌惮，因此消费者对话有时候也会对品牌造成恶毒的攻击。实际上，只要消费者愿意，他们可以在任何品牌故事中发现漏洞。对那些视品牌使命为公关手段或销售技巧的企业来说，这种消费者行为无疑会对它们造成很大威胁。但那些真实感人的品牌故事却不会受到这种影响，它们会在消费者群体中赢得尊敬和信任。因此，企业千万不能花钱雇用枪手伪造品牌故事，这样只会让消费者感到受愚弄和被操纵。派恩二世和吉尔摩称，企图欺骗消费者的企业最终会被冠以"谎言制造机"的恶名。[20]

我们在这里所说的"对话"和口碑或推荐不尽相同。良好的口碑是指那些由快乐的消费者做出的推荐。为衡量消费者向好友圈推荐品牌的意愿程度，弗雷德里克·莱希赫尔德⊖（Frederick Reichheld）开发了一个名为"净推荐值"的品牌忠诚度调查表。[21] 由于向好友推荐品牌会让消费者承担信誉损失的风险，因此只有那些强势品牌才会得到较高的评分。这个调查表可以很好地测量企业品牌在消费者群体中的活跃程度，得分越高表明越多的消费者愿意把它推荐给其他人。不过，这种

⊖ 莱希赫尔德是美国著名商业作家和商业战略家，著有多本商业管理作品。

信息传播行为还不是我们所说的对话，因为口碑采用的是一对一沟通方式，遵循的是梅特卡夫定律；而对话采用的是多对多沟通方式，遵循的是里德定律。

只有当品牌故事在消费者群体中广为传播时，企业才能充分利用消费者形成的网络优势。最近，Wetpaint 公司和 Altimeter 集团发起的一项调查表明，在社会化网络中消费者参与度最高的品牌，其销售收入可增长 18%。[22] 这意味着消费者对话会对品牌产生巨大的影响，甚至能在危机时刻挽救品牌，萨博汽车就是这样一个案例。2010 年年初，萨博汽车品牌深陷债务危机，其投资方通用汽车公司准备关闭多个萨博生产车间。但是，萨博品牌在全球享有悠久的历史和良好的声誉，其品牌故事，如"萨博如何改变人生""萨博车主偶遇时闪灯致意"以及"萨博式身份层次"等，仍在消费者之间广为流传。[23] 由此可见，由品牌衍生的故事有时候比品牌自身更持久，对那些视品牌为偶像的消费者来说，它们能激发出最伟大的产品忠诚度。

小结：承诺变革、品牌故事和消费者参与

想向消费者营销企业使命或产品使命有三个步骤：提出具有变革性的使命、围绕使命构思品牌故事，最后引发消费者积极参与。在定义企业使命时，企业应注意那些能带来巨大改变的微小理念，同时要牢记使命永远排在第一位，有了正确的使

命，经济回报就会自然而然地产生。在宣传品牌使命时，最好的方式是讲述动人的故事。围绕品牌使命讲故事实际上就是在隐喻的基础上建立故事特征和情节。要想说服消费者，你的故事必须真实可信，能激发他们谈论你的品牌。因此，消费者增权也是不可或缺的一环。总而言之，向消费者营销品牌使命包括三个原则，即确定不同寻常的业务、寻找感人至深的故事以及激发消费者的热情参与。

注释

1. Anne B. Fisher, "Coke's Brand-Loyalty Lesson," *Fortune*, August 5, 1985.
2. Lisa Abend, "The Font War: IKEA Fans Fume over Verdana," *BusinessWeek*, August 28, 2009.
3. Jack Welch and Suzy Welch, "State Your Business: Too Many Mission Statements Are Loaded with Fatheaded Jargon. Play it Straight," *BusinessWeek*, January 14, 2008.
4. Paul B. Brown, "Stating Your Mission in No Uncertain Terms," *New York Times*, September 1, 2009.
5. George S. Day and Paul J.H. Schoemaker, "Are You a 'Vigilant Leader'?" *MIT Sloan Management Review*, Spring 2008, Vol. 49 No. 3.
6. Michael Maccoby, *Narcissistic Leaders: Who Succeeds and Who Fails* (Boston: Harvard Business School Press, 2007).
7. Peter F. Drucker, "What Business Can Learn from Nonprofits," *Classic Drucker* (Boston: Harvard Business School Press, 2006).
8. Saul Hansell, "A Surprise from Amazon: Its First Profit," *New York Times*, January 23, 2002.

9. Rafe Needleman, "Twitter Still Has No Business Model, and That's OK," *CNET News*, March 27, 2009.

10. Laura Locke, "The Future of Facebook," *Time*, July 7, 2007.

11. B. Joseph Pine II and James H. Gilmore, *The Experience Economy: Work Is Theater and Every Business a Stage* (Boston: Harvard Business Press, 1999).

12. Noel Tichy, *Leadership Engine: How Winning Companies Build Leaders at Every Level* (New York: HarperCollins, 2002).

13. Steven Prokesch, "How GE Teaches Teams to Lead Change," *Harvard Business Review*, January 2009.

14. "Storytelling that Moves People: A Conversation with Screenwriting Coach Robert McKee," *Harvard Business Review*, June 2003.

15. Douglas B. Holt, *How Brands Become Icons: The Principles of Cultural Branding* (Boston: Harvard Business School Press, 2004).

16. Chip Heath and Dan Heath, *Made to Stick: Why Some Ideas Survive and Others Die* (New Yok: Random House, 2007).

17. Gerald Zaltman and Lindsay Zaltman, *Marketing Metaphoria: What Deep Metaphors Reveal about the Minds of Consumers* (Boston: Harvard Business School Press, 2008).

18. David P. Reed, "The Law of the Pack," *Harvard Business Review*, February 2001.

19. Brian Morrissey, "Cause Marketing Meets Social Media," *Adweek*, May 18, 2009.

20. B. Joseph Pine and James H. Gilmore, "Keep It Real: Learn to Understand, Manage, and Excel at Rendering Authenticity," *Marketing Management*, January/February 2008.

21. Frederick F. Reichheld, "The One Number You Need to Grow," *Harvard Business Review*, December 2003.

22. Dan Schawbel, "Build a Marketing Platform like a Celebrity," *BusinessWeek*, August 8, 2009.

23. Sam Knight, "Insight: My Secret Love," *Financial Times*, July 25, 2009.

第 4 章

向员工营销企业价值观

问题重重的商业价值观

近年来，商业人士的形象在人们心目中大打折扣，很多消费者已经丧失了对大公司及其管理者的信任。2009 年的一份职业形象调查结果表明，只有 16% 的受访者肯定了企业管理者的道德水平。[1] 此外，和营销相关的职业，如汽车销售员和广告主管，成为大众最不喜欢的职业。与此相反，最受人们敬佩的是那些能改变他人生活的职业，如教师、医生和护士等。

纵观过去 10 年来商业世界的表现，我们发现人们有如此负面的评价并不奇怪。自从进入 2000 年之后，全球发生了多次震惊商界的企业丑闻，让这些公司的价值在消费者和员工眼中变得一文不值。在这些丑闻案中，最轰动的当属世界通信公司、泰科公司和安然公司的丑闻，其中安然公司的财务欺诈案直接导致了公司破产。事件的起因是，安然公司把未实现收益并入了企业利润表，此举造成公司收入飞涨——这种做法在当时称为市价入账会计法。

介绍安然倒闭的畅销书有很多,《房间里最精明的人》(*The Smartest Guys in the Room*)就是其中之一。在这本书中,读者可以看到在安然倒闭之前的 2000 年,公司提倡的价值观是怎样的。[2]安然公司共有四条价值观,其中两条分别是遵纪守法和诚实正直,但可惜的是,安然公司的领导者并没有践行这两条价值观。显然,安然公司错误的财务做法已经实行了很长时间,而且公司领导者很清楚这种做法存在的风险。实际上,当时的安然在人们眼中已经是"管理高度失常的企业,其财务欺诈的发生几乎是无法避免的"。[3]

另一个发生时间比较近的企业丑闻案是 2009 年 3 月的 AIG 奖金分红案。当时,AIG 已经在金融危机中濒临破产,但它竟然用政府划拨的救急资金支付巨额奖金给公司高管。更具讽刺意味的是,在 AIG 的企业行为守则中,人们发现其六大公司价值观中有两条分别是遵纪守法和诚实正直。[4]尽管"奖金门"丑闻曝光后,在民众强烈的反对声浪中一些高管退还了奖金,但他们的做法无疑严重背离了公司制定的价值观。一波未平一波又起,没过多久 AIG 又发生了高管抗议公司违反承诺、欺骗员工信任的事件。这次事件的主角是 AIG 金融产品部执行副总裁杰克·迪桑提斯(Jake DeSantis),他向公司首席执行官爱德华·李迪(Edward Liddy)递交了一封辞职信,并且把这封信投到了《纽约时报》发表。

> 我们金融产品部的员工感觉自己被公司出卖
> 了……如今我没有办法在这种不正常的环境下继续善
> 尽我的职责……现在，你要求金融产品部的同仁缴回
> 这些他们应得的年终奖。你可以想象，我们对你破坏
> 了大家对公司的信任是多么怒火中烧、怨声载道。既
> 然我们大部分员工都是无辜的，罪恶感当然不是让我
> 们缴回年终奖的动机。[5]

显然，由于违反企业价值观，这件事让 AIG 陷入了进退两难的局面，备受消费者和员工两方面的激烈指责。

实际上，有些公司的员工根本不知道自己的企业价值观是怎样的，或是简单地认为那不过是公司用来搞公关的说辞。而对那些真正践行企业价值观的员工来说，他们往往对某些同事忽视这些价值的做法感到很失望。无论是上面哪种情况，这些企业的行为都是不符合营销 3.0 模式的。在营销 3.0 中，企业必须说服消费者和公司员工，让他们重视公司的价值观。

员工是企业日常经营过程中对公司最熟悉且关系最密切的消费者。公司必须向他们展示真实可信的价值观，必须用讲故事吸引消费者的方式去吸引员工。[6] 同样，利用隐喻手段也能和员工取得精神上的共鸣。但是，对企业来说用讲故事的方式吸引员工相对更为困难，因为此举标志着公司必须始终如一地提供值得信赖的工作体验，任何一个言行不一的举止都会让企

业的故事变得不堪一击。试想一下，如今连消费者都能一眼看出企业的品牌使命是真是伪，那和公司朝夕相伴的内部员工又怎能看不出企业的虚假价值观呢？

通常来说，私人企业在建立强效价值观方面比较容易成功，因为这些公司在发展中不会受到来自投资者的压力，可以对员工逐个进行价值灌输，让他们学会在公司的价值观框架内工作。上市公司也可以很好地实现自己的价值观，其中比较成功的企业包括 IBM、通用电气和宝洁等。我们认为践行企业价值观会给公司带来盈利能力、投资回报率和可持续发展能力。关于这个方面，我们将会在第 6 章详细讨论。

价值观定义

兰西奥尼⊖（Patrick M. Lencioni）认为，企业价值观有四种类型。[7] 基本价值观是指指导员工日常工作行为标准的价值观，目标价值观是指企业缺少但管理层希望实现的价值观，附属价值观是指员工个人性格中体现出来的价值观，核心价值观是指指引企业员工总体行为的真正公司文化。

⊖ 兰西奥尼是圆桌集团创始人兼总裁。该集团是一家致力于令组织与员工更加“健康”、更加有效的管理咨询公司。作为一名咨询师和演讲人，他曾经与上千名高级管理人员一起工作过。他的客户包括世界 500强中的知名企业、成长中的高科技企业、各大院校以及非营利性组织机构。——译者注

　　企业必须对这四种价值观类型明确加以区别。基本价值观属于非常常见的、任何公司都具备的相同价值观。例如，职业道德和诚实正直通常是广为企业接受的价值观，因此它们并非核心价值观，而应被视为基本价值观。至于目标价值观，由于它们是员工尚不具备的价值观，因此也无法被列为企业文化的基础。同样，附属价值观也不能被视为企业的核心价值，因为它们会疏远那些具有不同性格特征的未来员工。理解四种价值观类型有助于企业更好地设计核心价值观，避免形成错误的价值观。

　　我们在本书中要讨论的是引导员工实现企业品牌使命的核心价值观，在此我们称其为"共享价值观"。共享价值观是企业文化的重要一半，其另一半是员工的共同行为。构建企业文化实际上就是把共享价值观和员工共同行为整合起来，换句话说，就是在企业内部通过日常行为来体现企业价值观（见表 4-1[8]）。员工价值观和行为方式的结合应反映出一个企业的品牌使命，因此，企业必须让员工成为价值观大使，向消费者营销品牌使命。

表 4-1　一些知名企业的共享价值观

公司	共享价值观	共同行为	与营销 3.0 相关度		
			合作性	文化性	创造性
3M	合作型 兴趣培养	鼓励员工合作参与感兴趣的项目，允许在创新过程中出现失败	●	◖	●

（续）

公司	共享价值观	共同行为	与营销 3.0 相关度		
			合作性	文化性	创造性
思科	人性化网络合作	办公室即产品实验室，允许员工远程工作，企业决策瞬间即可通知所有管理人员	●	●	◐
企业连锁租车公司	企业精神	包括董事长和 CEO 在内的所有企业高管全都从基层干起，表现积极的员工有机会参与管理	◑	●	◐
IDEO 创新设计公司	多学科创意	鼓励来自不同学科背景的员工一起工作，员工可自由设计自己的办公室	●	◑	●
梅奥诊所	综合关怀	多名医生、科学家和健康专家组队诊断治疗每一位患者	●	●	◐
约翰逊父子公司	家庭价值	周五从不开会，夫妻员工可一同赴海外执行工作任务	◑	●	◐
Wegmans 食品超市	热爱饮食	培训员工成为食品宣传大使，鼓励员工使用购买的打折礼品卡买食品	◑	●	◐
全食超市	民主	所有决策都由员工投票决定，每个店面都是自主经营的利润中心	●	◑	◑

注：圆中的黑色越多表明相关度越高。

　　但是，并不是所有的共享价值观都和营销 3.0 相关，或者说能对其发挥作用。正确的价值观是指那些与推动企业前进的力量相吻合的价值观，这些力量包括：合作性技术、全球化文化变革以及日益凸显的创造性因素。我们在第 1 章已经讨论过这些力量，在信息技术催生的高度互联化的世界中，人们越来越倾向于通过合作实现某个目标。全球化影响使得文化变革的发生更为迅速和频繁，而且人们的需求在马斯洛金字塔中的地位逐渐上升，开始越来越注重自我实现，变得越来越富有创意。由此可见，正确的企业价值观应当是那些能够刺激和培育员工合作性、文化性和创造性的价值观（见图 4-1）。

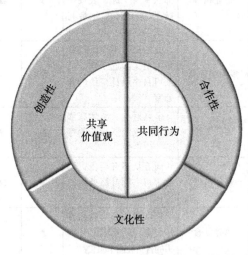

图 4-1　营销 3.0 背景下的共享价值观和共同行为

具有合作性价值观的企业鼓励员工之间的合作，或是和企业外部的群体合作。以思科为例，这家公司建立的不只是技术网络，更是一张成功的人性化网络。思科利用自己的办公室作为产品的内部实验室，员工可以使用公司的网络基础设施进行远程办公。思科的所有决策可以马上传达给全球 500 多位执行管理人员，这就使得公司能更快地做出重要决定，更好地促进全球管理人员之间的合作。虽然思科公司的价值观主要强调合作，但通过国际化员工互联，这些价值观也同样促进了企业的文化变革。

梅奥诊所也非常重视培养合作价值观。在这里，每位患者都会得到几位医生和健康专家的共同服务。他们之间的合作不但能更快、更准确地做出病情诊断，而且还会为患者提供更全面的治疗和护理服务。实际上，正是因为这种合作文化的吸引，每年全美才会有很多优秀医生慕名来这里工作。通过建立梅奥治疗模式，这家医院深刻地改变了医生治疗患者的方式，因此它也造成了很大的文化影响。[9]

具有文化价值观意味着企业必须激励员工为自我生活或是其他人的生活带来文化上的改变。例如，Wegmans 食品超市就成功改变了人们看待食品的方式。这家公司鼓励员工学会更深刻地认识和欣赏食品，同时还帮助消费者学会重视食品的意义。约翰逊父子公司改变的则是员工看待家庭的方式，让他们对家庭投入更多的精力。为了做到这一点，公司开发的产品都是便于家庭使用的产品。全食超市改变的是员工体验民主的方式，许多事关员工利益的问题都通过投票决定，这让员工感到自己拥有了决策权。企业连锁租车公司为刚毕业的大学生提供了发展企业经营的能力，当他们在基层岗位经过足够的锻炼时便会得到管理部门的机会。此外，这家公司还改变了人们租车的理由和方式。以前，消费者总是出于旅行需要在机场租车；现在，由于租车行遍布各地，人们可以随时随地以任何理由方便地租车。

最后，建立创造性价值观意味着企业要让员工有机会发展和分享创意性理念。以 3M 和 IDEO 创新设计公司为例，它们都把创新视为发展企业竞争优势的一个重要因素。对这些公司来说，拥有富有创造力的员工是非常必要的。为了培养创造力，3M 公司鼓励员工花时间参与自己感兴趣的项目。员工不但可以为此向公司申请项目资金，还可以找志趣相投的同事一起参与其中。如果项目取得成功，其成果很可能成为公司的下一个创新产品。除了鼓励创造力，这些规定同时也深化了员工之间的合作。与此同时，如果该创新产品能够影响消费者的生活，那么这种价值观也间接地实现了文化变革的影响。

价值观的巨大推动力

拥有正确的价值观会为企业带来几方面的回报：首先，这些企业会形成人才竞争优势，能够吸引和留住更好的员工；其次，在良好价值观的引导下，员工的生产率也会大幅提高。最后，员工还会成为服务消费者的企业代言人，企业能够更有效地管理组织内部的差异，这一点对大型公司来说尤为重要。

吸引和留住人才

1997 年麦肯锡公司曾做过一次重要的调查，调查结果显示

58% 的企业管理者把品牌价值和企业文化视为激励员工的主要动力。[10] 相比之下，职业发展机会对员工的激励作用占 39%，薪酬因素对激励作用的贡献为 29%。这些数据证明，正确的价值观才是吸引优秀员工最重要的因素。有了正确的企业价值观，新员工就会下意识地拿个人价值观与其进行对比，努力与之看齐。

　　这一点对如今刚毕业的、满怀理想的学生来说具有很重要的现实意义。例如，有调查显示 50% 的 MBA 毕业生称愿意放弃高薪到更富有社会责任感的公司工作[11]，这种现象对新兴市场国家来说尤其突出。瑞迪、希尔和孔戈等人最近进行了一项调查，对新兴市场国家中企业的人才管理制度展开研究。[12] 他们发现在"金砖四国"——巴西、俄罗斯、印度和中国，影响员工最重要的因素是企业的目的感和文化性。在新兴市场国家中，员工求职时寻找的是那些能为世界带来变化以及能让国家出现文化变革的企业。他们对那些能够在企业内部实现品牌承诺的企业也很感兴趣，这类企业也是具备正确文化价值观的企业。

　　求职者一旦进入某家企业后，他们会检验雇主是否诚实正直，观察企业如何践行自己宣传的价值观。汤姆·德瑞曾进行过一次企业员工调查，调查证明企业的目的感可以使员工拥有有意义的工作体验。实际上，如果企业能为了捍卫价值观而放弃商业机会，会让员工感到非常敬佩。例如，Bagel Works 面包公司的核心价值之一是保障员工的健康和工作安全，为了实现这种价值观承诺，公司不惜高价采购小袋装面粉，以免负责背运的员工背痛。[13] 对企业来说，诚实道德和忠于承诺是非常重要的。当员工看到企业强调道德和承诺时，他们便会积极地实现自己对企业的承诺。换句话说，企业维护好价值观就等于提升了员工的忠诚度。

公司所有权变更造成的价值观改变可能会降低员工的承诺感，Ben & Jerry 冰激凌公司就是这样一个例子。2000 年该公司被联合利华收购后，其原有价值观仍保持得很好。但据 2007 年该公司的社会与环境评估报告显示，其员工承诺感已经出现下滑，究其原因大概是因为企业职员对公司未来的价值观能否坚持一如既往感到担忧。[14] 同样，当欧莱雅收购美体小铺公司时，后者的员工也曾出现过类似的担忧。虽然员工知道收购行为会给企业带来很大的发展空间，但他们关心的问题是企业原有的价值观能否得到很好维持。对美体小铺和 Ben & Jerry 冰激凌公司这样拥有优秀价值传统的公司来说，所有权变更为员工带来的担忧是显而易见的。[15]

提高生产率，改善消费者体验

快乐感对员工提高生产率具有重要作用。《星期日泰晤士报》评选的"英国百名最佳雇主"，其公司业绩表现要比富时综合指数平均高出 10%～15%。[16] 如果员工能把公司的目标当作自己的信仰，他们的生产率就会变得更高，更加愿意为了企业奉献自己的心智、心灵和精神。星巴克总裁霍华德·舒尔茨把这种员工积极献身企业的行为称为"全身心式投入"。

迈克尔·波特[○]（Michael Porter）和马克·克莱默（Mark Kramer）认为，具备社会目的感的企业可以通过构建竞争环境的方式赢得优势。[17] 例如，万豪酒店对受教育水平低的员工大力提供培训。通过把提升员工教育程度作为企业价值之一，万豪酒店成功聘请到了很多优秀而富有生产力的员工。

价值驱动型员工不仅工作更加努力，而且会成为代表公司的形象和窗口，他们为消费者提供的服务和企业的品牌故事完全吻合，他们的价值信仰决定了其每日工作中的具体行为，这一点在跟消费者打交道时尤其明显。他们的行为会被视为品牌故事的一部分而为消费者津津乐道。企业应把员工当作公司的价值大使，因为消费者会通过观察员工行为的方式来评判企业是否忠实履行自己的价值观。

　○　波特是哈佛大学商学研究院著名教授，也是现今少数有影响力的管理学家之一。他是当前世界上竞争战略和竞争力方面公认的第一权威，商业管理界公认的"竞争战略之父"；在 2005 年世界管理思想家 50 强排行榜上，他位居榜首。迈克尔·波特博士至今已出版了 17 本书，发表了 70 多篇文章，其中最有影响的有《品牌间选择、战略及双边市场力量》《竞争战略》《竞争优势》《国家竞争优势》等。其中《竞争战略》一书再版 63 次，被译为 17 种文字；《竞争优势》再版 32 次。他在《哈佛商业评论》上发表的论文已经五度获得"麦肯锡奖"；其《国家竞争优势》被美国《商业周刊》选为年度最佳商业书籍；1991 年，美国市场协会给波特颁发"市场战略奖"；1993 年，波特被推选为杰出的商业战略教育家；1997 年，美国国家经济学人协会授予波特"亚当·斯密奖"，以表彰他在经济领域所取得的卓越成就；他因对工业组织的研究而荣获哈佛大学的"大卫·威尔兹经济学奖"。此外，波特还获得"葛拉汉与杜德奖""查尔斯·库里奇·佩林奖"等众多奖项。——译者注

Wegmans 食品超市宣称自己比其他超市更了解食品，当消费者来店内体验时便会暗自观察这家超市是否言行一致。Wegmans 食品超市把员工都培训成了食品大使，让他们首先学会欣赏各种食品，这样员工对自己要销售的产品便具备了深刻的认识。因此，当他们和消费者互动时，Wegmans 食品超市的员工就能驾轻就熟地向顾客介绍各种食品的特点和不同。换句话说，他们的行为充分证明了品牌故事的真实性。

众所周知，最好的销售员是那些使用自己的产品并对其有透彻了解的人。在网络巨头思科公司，员工们每天都在公司内外实践着企业"连通人人"的理念，对他们来说每天的工作都像是产品培训。正因为如此，他们才能向客户讲述令人信服的故事，向他们证明人性化互联的巨大作用。让员工讲述品牌故事之所以效果奇佳，是因为企业首先做到了让员工创造故事。对此，尼古拉斯·因德（Nicholas Ind）称之为"激活品牌"。[18]

整合差异和支持差异

罗莎贝思·莫斯·坎特⊖（Rosabeth Moss Kanter）所做的一份关于大企业的调查表明，强大的共享价值观能够帮助企业实现看似相反的目标。[19]一家大型企业常常具有多个地区办公室，

⊖　坎特是哈佛商学院教授，研究领域为战略、创新以及变革的领导艺术。她经常为《哈佛商业评论》撰稿，并在 1989 ～ 1992 年担任该刊主编。她的重要管理著作往往也是畅销书，如《变革大师》《当巨人学习跳舞》和《世界级：区域性企业也能竞逐全球》等。——译者注

各办公室的员工都千差万别，但共享价值观可以减少员工之间的差异，把他们统一到相同的公司文化中。无论是在总部还是地区办公室工作，当员工相信企业能做到一视同仁时，这种强大的价值观便会在他们心中内化，进而使他们竭尽所能地为企业争取利益。这一点解释了具有强大共享价值的企业能够在分散式或区域式决策中成功的原因——这些价值观不但帮助企业实现了标准化，同时还帮它们实现了区域化。

　　企业连锁租车公司就是这样一个经典案例。这家公司不像艾维斯或赫兹公司那样主要在各城市机场开展业务，它的业务重心在于本地社区市场。企业连锁租车公司的成功源自其独特的企业文化，该公司所有职员都体现着努力工作和友好企业者等核心价值。企业连锁租车公司在创建这种文化时采取了长期培养战略，公司从高校招聘应届毕业生，让他们努力从洗车等基本工作干起，教他们如何与消费者建立长期关系，让他们逐渐在公司内晋升职位，等时机成熟时再任命他们担任分部的管理人员。[20] 经过这一系列锻炼，员工会成长为努力实干的企业家。洗车的基本工作会培养他们的谦逊意识，而和消费者打交道的过程会让他们学会友好地待人接物。这些员工虽然具备了同样的企业价值观，但与此同时他们也是深谙地区业务背景的个体，可以说企业连锁租车公司的价值观不但成功建立了特点各异的区域化经营策略，同时也形成了不同市场之间的协调化经营策略。正是因为这种价值观非常独特，难以模仿，因此企业连锁租车公司才实现了在本地市场的巨大优势。

　　企业价值观能够在整合差异的同时实现对多样化的支持。纵观每年推出的《财富》100强最佳雇主名单，我们会发现很多公司都大力招聘女性和少数族裔员工，以此展示对文化多样性的支持。这些企业的共享价值观有效地把来自不同背景的员工团结到相同的企业文化内，不但化解了员工之间的冲突，还成功实现了文化多样性。

言出必行

　　在向员工灌输价值观时，大多数企业依靠的都是正式培训和非正式辅导等手段。价值观培训固然必要，但这种手段却存在着一些弊端，因为价值观培训活动往往都是枯燥的说教而非身体力行的实践。在这种情况下，培训者和辅导员就无法像日常工作那样起到有效的模范作用，员工也多半会认为培训中所讲的价值观不过是些口头功夫。另外，培训行为会导致员工消极被动地接受信息，而不是寻找机会进行实践。由于缺乏价值观实践，他们对价值观的理解也会变得十分有限。

　　营销3.0所要求的绝非培训和辅导那么简单，它强调的是把价值观和员工行为紧密联系起来。吉姆·柯林斯[⊖]（Jim

　　⊖　柯林斯曾获斯坦福大学商学院杰出教学奖，先后任职于麦肯锡公司和惠普公司。与杰里·波勒斯合著了管理畅销书《基业长青》，书中提出了他的主要管理思想。——译者注

Collins）认为，实现这种整合包括两个方面。[21] 首先，企业
需要检查当前的管理规定是否存在削弱企业价值观的地方。
要做到这一点并不容易，因为相对于企业价值观来说，很多
企业的管理规定都是早已制度化的内容，要改变其中的不合
理之处需要企业领导层和全体员工的齐心协力。大多数情况
下，员工非常清楚企业中不符合价值观的规定和做法，但如
果没有领导层的支持和鼓励，他们绝不会冒险挺身而出。其
次，企业应建立一种机制，使其价值观和日常行为能够直
接联系起来。例如，企业可以规定把新产品 30% 的销售收
入投入产品创新环节，以强化对创新价值观的支持。简单地
说，营销 3.0 要做到的就是改变员工，同时鼓励员工改变其
他人。

改变员工的生活

约翰逊父子公司高度重视的五代家庭经营理念，其实代表
的正是家庭价值观。为了使消费者和员工都能感受到这一价
值观，公司为此付出了巨大努力。在强调家庭价值的企业中
工作，就意味着必须保持家庭事业平衡的生活方式，这便是
约翰逊父子公司对员工的承诺。在这里，夫妻员工可以申请一
起到海外出差[22]，公司周五从不安排会议，以方便员工回去和
家人共度周末。[23] 在约翰逊父子公司工作可以把员工培养成重
视家庭的人，因为企业的价值观对员工的生活造成了积极的直

接影响。有鉴于此，埃里克森[⊖]（Erickson）和格拉顿（Gratton）把这种现象称为"在企业内部创建特征化体验"，要做到这一点企业就必须了解激励员工的动机。埃里克森、戴奇沃迪（Dychtwald）和莫里森（Morrison）等人的研究表明，企业中的员工大致可以分为以下类型：

- 应付差事型员工只想当一天和尚撞一天钟；
- 见风使舵型员工喜欢随大流，并不把工作放在第一位；
- 胆大冒险型员工把工作视为挑战自我的机会；
- 专业团队型员工寻找的是可以进行团队合作的工作机会；
- 步步高升型员工寻找的是有稳定职业发展前景的工作；
- 建功立业型员工寻找的是能为企业带来永久影响和变化的机会。[24]

这种员工分类方法和麦肯锡公司开发的员工分类框架颇有异曲同工之妙。[25]麦肯锡公司的分类模式包括四种员工类型：

- 追随成功型员工希望实现个人成长和成就；

⊖　埃里克森是麦肯锡奖获奖作家、人力资源专家、康库学院院长，他曾为《哈佛商业评论》撰写过数篇文章，著有《劳动力危机》一书。——译者注

- 风险回报型员工希望获得最大化的薪金报酬；
- 随遇而安型员工看重的是灵活的工作方式；
- 宏伟目标型员工寻求的是为伟大使命努力奋斗的机会。

　　企业理解了员工分类，可以帮助其针对不同类型员工更好地设计特征化体验。此外，它还能帮助企业清除那些和企业价值观背道而驰的员工，让其他员工变得更加团结。在营销3.0模式中，特征化体验应当是富有合作性、文化性或创造性的体验。

　　企业应当寻找那些最能满足其核心价值观的员工类型。例如，强调创新价值观的投机型企业比较适合胆大冒险型（或风险回报型）员工，强调文化价值观、努力为贫困人口服务的企业对建功立业型（或宏伟目标型）员工来说比较合适，强调合作价值观、有机会让员工通力协作的企业是专业团队型员工的理想选择。

鼓励员工去改变他人

　　中国有句谚语叫"闻之不若见，见之不若知，知之不若行"，这句话同样适用于鼓励企业员工，让他们意识到只有积极行动才能改变世界。当企业价值观影响到员工的生活之后，他们必须努力改变其他人的生活。对企业来说，要做的就是为员工创造一个改变他人的平台。

　　鼓励员工改变他人的方式有很多种，其中最常见的就是让员工去做志愿者。在"志愿服务的影响力"这篇文章中，作者希尔斯（Hills）和马默德（Mahmud）认为，在利用战略力量调整公司资源时，员工的志愿服务会给企业带来深刻的影响。[26]对此，坎特在其作品《超级企业》（*Super Corp*）中以 IBM 为例进行了分析。[27]2004 年 12 月，东南亚受到海啸和地震袭击时，IBM 公司的员工推出了一项旨在帮助受灾者的活动。虽然IBM 对此活动的支持完全出于慈善目的，但后来的事实证明这一事件为公司带来了相当可观的商业回报。坎特认为，超级企业应当是在盈利经营中不忘服务社会的公司楷模，它们在致力于为社会服务的过程中实现了公司的战略性影响。而要成为这样的超级企业，提供内涵深刻的志愿服务是一条非常有效的途径。

　　另一种鼓励员工改变他人的方式是创新。IDEO 创新设计公司以开发全球最佳的产品设计闻名，为实现这一价值观，公司创始人戴维·凯利（David Kelly）称 IDEO 把员工的需求层次推到了马斯洛金字塔的顶端，所有的产品设计都以人性化为中心，把产品性能和个性特征很好地融合到产品中。在开发产品设计时，IDEO 公司的项目团队成员往往来自各个学科，其中有营销人员、心理学者、医生、人类学者、经济学者等，大家一起合作进行开发，遇到问题也一起解决。更令人钦佩的是，IDEO 甚至把这种特有的工作方式应用到了公司之外。该公司和盖茨基金会以及其他非营利组织合作，针对发展中国家的社会问题专门设计了一个开源式解决方案开发工具包。

鼓励员工参与同时也意味着企业必须分享权力。在营销3.0 中，企业领导者的角色是启发和激励员工，他们不一定要成为企业唯一的决策制定者。例如，思科和全食超市就非常重视合作和民主，它们大力支持员工参与决策和公司事务投票，利用这种方式来确定公司未来的发展方向。在这些案例中，企业的形象正在向社区逐渐转变。因为在社区中，为促进全体成员的共同利益，所有的决策都是通过投票产生的。

小结：共享价值观和共同行为

在营销 3.0 中，企业文化关乎道德和诚实，它需要把共享价值观和员工的共同行为紧密联系在一起。受外界压力的影响，企业文化应当具备合作性、文化性和创造性，它应当改变员工的生活，同时鼓励员工改变他人的生活。通过建立道德和诚实形象，企业可以获得更大的人才竞争优势，可以提高生产率，改善消费者体验，成功管理内部差异。对企业来说，向员工营销价值观和向消费者营销使命感具有同等重要的意义。

注释

1. Gina McColl, "Business Lacks Respect," *BRW*, Vol. 31, Issue 25, June 25, 2009.

2. Bethany McLean and Peter Elkind, *The Smartest Guys in the Room: The Amazing Rise and Scandalous Fall of Enron* (New York: Portfolio, 2003).

3. Sarah F. Gold, Emily Chenoweth, and Jeff Zaleski, "The Smartest Guys in the Room: The Amazing Rise and Scandalous Fall of Enron," *Publishers Weekly*, Vol. 250, Issue 41, October 13, 2003.

4. Alaina Love, "Flawed Leadership Values: The AIG Lesson," *BusinessWeek*, April 3, 2009.

5. Jake DeSantis, "Dear AIG, I Quit!" *New York Times*, March 25, 2009.

6. Neeli Bendapudi and Venkat Bendapudi, "How to Use Language that Employees Get," *Harvard Business Review*, September 2009.

7. Patrick M. Lencioni, "Make Your Values Mean Something," *Harvard Business Review*, July 2002.

8. Information is gathered from multiple sources, mainly the companies' web sites as well as *Fortune* and *Fast Company* magazines.

9. Leonard L. Berry and Kent D. Seltman, *Management Lessons from Mayo Clinic: Inside One of the World's Most Admired Service Organizations* (New York: McGraw-Hill, 2008).

10. Elizabeth G. Chambers, Mark Foulon, Helen Handfield-Jones, Steve M. Hankin, and Edward G. Michaels III, "The War for Talent," *The McKinsey Quarterly*, Number 3, 1998.

11. David Dorsey, "The New Spirit of Work," *Fast Company*, July 1998.

12. Douglas A. Ready, Linda A. Hill, and Jay A. Conger, "Winning the Race for Talent in Emerging Markets," *Harvard Business Review*, November 2008.

13. Brian R. Stanfield, "Walking the Talk: The Questions for All Cor-

porate Ethics and Values Is: How Do They Play Out in Real Life?" *Edges Magazine*, 2002.

14. Social and Environmental Assessment 2007, accessed online at www.benjerry.com/company/sear/2007/index.cfm, Ben & Jerry's, 2008.

15. "The Body Beautiful—Ethical Business," *The Economist*, March 26, 2006.

16. William B. Werther, Jr. and David Chandler, *Strategic Corporate Social Responsibility: Stakeholders in a Global Environment* (Thousand Oaks, CA: Sage Publications, 2006).

17. Michael E. Porter and Mark R. Kramer, "Strategy & Society: The Link between Competitive Advantage and Corporate Social Responsibility," *Harvard Business Review*, December 2006.

18. Nicholas Ind, *Living the Brand: How to Transform Every Member of Your Organization into a Brand Champion* (London: Kogan Page, 2007).

19. Rosabeth Moss Kanter, "Transforming Giants," *Harvard Business Review*, January 2008.

20. Brian O'Reilly, "The Rent-a-Car Jocks Who Made Enterprise #1," *Fortune*, October 26, 1996.

21. Jim Collins, "Align Action and Values," *Leadership Excellence*, January 2009.

22. Chris Murphy, "S.C. Johnson Does More than Talk," *Information Week*, 19 September 2005.

23. Robert Levering, "The March of Flextime Transatlantic Trends," *Financial Times*, April 28, 2005.

24. Tamara J. Erickson and Lynda Gratton, "What It Means to Work Here," *Harvard Business Review*, March 2007.

25. Charles Fishman, "The War for Talent," *Fast Company*, December 18, 2007.

26. Greg Hills and Adeeb Mahmud, "Volunteering for Impact: Best Practices in International Corporate Volunteering," FSG Social Impact Advisor, September 2007.

27. Rosabeth Moss Kanter, *SuperCorp: How Vanguard Companies Create Innovation, Profits, Growth, and Social Good* (New York: Random House, 2009).

第 5 章

向渠道合作伙伴营销企业价值观

利润增长点变化促使合作成为必然

通过采用直销模式，戴尔曾给 IT 行业带来了革命性的变化。在这种模式下，消费者可以定制组装计算机，然后戴尔负责直接运送上门。它的优势在于企业直接和消费者建立联系，绕开了各级经销商，保留了全部利润。由于采用这种抛开中间商的做法，戴尔被各级经销商视为敌人。一开始，戴尔的竞争对手并不相信这种模式能成功，但后来的事实让它们大跌眼镜——戴尔取得了令人难以复制的成就。由于经营业绩始终独领风骚，到 1999 年时，戴尔已成为互联网上销售量最大的公司，其销售额比亚马逊、eBay 和雅虎的总和还要高。[1]

但这一切到 2005 年却突然发生了变化。让戴尔感到吃惊的是，如今的世界已经和以往大不相同了。戴尔的销售量开始下滑，股票价格一落千丈。原因之一是美国市场此时已经开始成熟，专家建议戴尔必须和中间商合作才能解决这一问题。苏尼尔·乔普拉（Sunil Chopra）就是这些专家中的一位，他认为在成熟市场中，消费者会逐渐视计算机为一种普通商品，因此对定制化开始慢慢失去兴趣。[2]

乔普拉建议戴尔要么采用直销和传统销售混合的方式，要么通过经销商继续推行定制化业务。无论采用哪种模式，戴尔都必须和中间商合作。

导致戴尔出现衰退的第二个原因是，此前戴尔一直依赖和消费者的直销关系获取利润，但当市场成熟后消费者发现可供选择的计算机品牌越来越多，戴尔的直销优势也就不那么明显了。戴尔本以为在中国和印度这样的发展中市场会继续在美国市场的辉煌，但不幸的是，在这些市场中，大部分消费者都不通过网络购买计算机[3]，他们更喜欢和卖家面对面地交流，而不是坐在显示器前下订单。面对不同市场的不同消费者需求，戴尔的直销模式显然行不通了。有鉴于此，戴尔必须寻求完全相反的商业模式——分销。

尽管戴尔从未公开承认，但到 2002 年时公司已经开始和一些解决方案的提供商合作，通过它们向企业客户进行产品直销。[4] 2005 年是戴尔做出全面改变的一年，公司开始低调地和经销商接触，期望和这些略带怀疑眼光的公司展开合作。很快，这个举动便带来了可观的商业回报。到 2007 年年中，尽管戴尔并没有公开承认任何合作伙伴，但公司通过经销商渠道实现的销售已达到总销售额的 15%。[5] 2007 年 12 月，戴尔终于推出名为"商用产品合作伙伴计划"（PartnerDirect）的渠道合作方案，截至此时公司已在全球发展了 11 500 家合作伙伴，而且每周都会新增 250～300 家。[6]

显然，在过去几年中，戴尔一直都在努力做出改变，从直接联系消费者的直销模式变更到与渠道合作伙伴合作销售的模式。为保证经销商质量，戴尔不惜逐一和对方沟通，听取他们的反馈意见，邀请他们参加公司的合作伙伴咨询委员会讨论。在这些会议上，戴尔公司总裁迈克尔·戴尔会亲自出席，以打消经销商心中的疑虑。毕竟，作为渠道经销商曾经的敌人，戴尔要想冰释前嫌就必须放低姿态，用关注消费者的热情来关注新的合作伙伴。

戴尔的故事反映了商业世界中存在的两种完全相反的力量。技术的发展使戴尔抓住了直销模式的机遇，但技术同样推动了全球化的实现。当发达国家市场逐渐失去利润空间时，发展中国家市场的技术普及程度还没达到主流社会的应用水平，这就意味着在发展中国家市场进行销售时必须采用传统的商业模式。与此同时，由于发展中国家市场存在各种社会、经济和环境问题，企业要想成功建立经销网络就必须首先将其一一解决。这一点表明，企业在进入一个未知市场时，也必须寻找新的合作伙伴支持自己。

当然，发达国家市场并非停滞不前，它也在慢慢地转换成另一种市场形态，逐渐成熟的市场其实正是已然发生的巨大变

化的微小信号。随着社会变得越来越复杂，消费者也越来越
重视对更高级人类需求的追求，原来对低级需求的满足现在已
经变得不再重要，他们会更多地思考产品和服务对社会、经
济和环境等方面的影响。有鉴于此，詹姆斯·史伯斯[⊖]（James
Speth）把这种现象称为后发展社会时代。[7] 在这个时代中，产
品定制化对消费者来说已经失去了意义。这些后发展时代出现
的变化对戴尔和其他企业来说非常关键，因为它们对企业营销
渠道的获得将产生重要的影响。

营销 3.0 时代的渠道合作伙伴

在营销 3.0 时代，我们把渠道合作伙伴视为一个复杂的实
体。它们是企业、消费者和员工的混合体：作为企业，它们具
有自己的使命、愿景、价值观和商业模式；作为消费者，它
们也有希望被满足的需求和期望；此外，它们也要向最终客户
销售产品，和消费者沟通，这种角色又很像企业员工。在营销
3.0 中，渠道合作伙伴的作用非常重要，因为他们同时代表着
企业的合作方、文化变革动力和具有创造力的伙伴。

　⊖　史伯斯现任耶鲁大学森林与环境学院教授兼院长，从事环境政策和可持
　　　续发展研究。史伯斯领导创建了美国国家资源保护咨询委员会和世界资
　　　源研究所并曾任该所所长，他还担任过卡特和克林顿政府环境高级顾问
　　　以及联合国发展规划署署长。鉴于他在世界范围内在环境保护，尤其全
　　　球变暖方面对世人所做的重要提示和突出贡献，史伯斯最近获得了荣誉
　　　极高的"蓝色星球奖"。——译者注

渠道是企业的合作方：道不同不相为谋

很多企业会感到难以管理渠道合作伙伴，其中的原因多半是没有选择好的合作伙伴。在营销 3.0 中，我们建议企业采用"目的—特性—价值"镜像投射法来选择合作伙伴。镜像投射意味着企业应当选择那些和自己具备完全相同的目的、特性和价值的潜在合作伙伴（见图 5-1）。

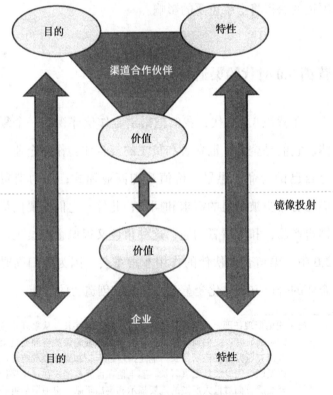

图 5-1　选择和企业相似的渠道合作伙伴

企业的目的和潜在合作伙伴的总体目标相关，相对比较容易进行观察和研究；企业的特性和潜在合作伙伴的内部特征之间的联系相比之下更为紧密，必须深入探寻才能一窥究竟；和前两者相比，合作伙伴的价值体系是最难认识和观察的，因为它涉及对方组织深层的共享信仰。

在美体小铺成立初期，公司主要靠特许经营模式发展。说到这家企业的成立，它和创始人安妮塔·罗迪克天真的个性密不可分。罗迪克女士诚实朴素的性格在这家企业的各个方面都展露无遗。例如，公司采用描述性的产品命名法，坚持使用纯天然原料生产化妆品，重视与供应商的公平交易等。罗迪克在自己的店铺里销售这些产品毫无问题，她完全可以按个人喜好的方式经营，但为了发展企业品牌，她就不得不考虑各种渠道合作方案。最终，罗迪克选择了与特许经营商进行合作。

在选择合作伙伴时，罗迪克的方式也非常个性化。她始终坚持和对方面谈，并努力在谈话中了解潜在合作伙伴的性格特征。她要寻找的是那些希望给消费者带来改变，而不是一心只顾赚钱的合作伙伴。罗迪克发现，女性经销商要比男性经销商更认同自己的社会和环境价值理念，因此在公司早期发展过程中，美体小铺的特许经销商中有 90% 都是女性。事实证明，采用特许经销方式对这家公司来说是一个巨大的成功，美体小铺在成立之后的十年内每年都保持近 50% 的增长速度。[8]

Ben & Jerry 冰激凌公司被收购前在俄罗斯发展的故事和美

体小铺很相似。和美体小铺一样，Ben & Jerry 也是一家极富社会责任感的企业，公司销售的冰激凌也是简单的自制产品。由于公司把改善社会视为己任，Ben & Jerry 的早期管理层制定了很长远的目标，并不急于求得快速发展。在这种思路的指导下，公司总是从内部慢慢培养认同企业价值观的领导者，实行稳步前进的战略。

虽然冰激凌在俄罗斯是很畅销的产品，但赚钱并不是 Ben & Jerry 进入这个国家的初衷。说起来也许有些让人难以置信，Ben & Jerry 根本就没有考虑过利润问题，它只想在美苏结束长期冷战之后为恢复两国关系尽一份力。20 世纪 90 年代初，Ben & Jerry 决定到俄罗斯发展业务，公司为此专门指派值得信任的员工戴夫·莫斯到俄罗斯工作，但是莫斯一个人孤掌难鸣，他必须在当地寻找合作伙伴。

然而，莫斯很快就发现在俄罗斯很难找到合适的人选来推广该品牌。虽然潜在的合作伙伴有不少，但没有一个真正理解 Ben & Jerry 的社会责任价值观。这些合作伙伴全都是野心勃勃、满脑子利润的当地公司，他们只想着如何快速赚钱。在他们眼中，Ben & Jerry 的品牌只是一项非常有价值的资产，但对于这家公司的基本价值观，他们严重缺乏了解。在颇费了一番工夫之后，Ben & Jerry 最终选择和 Intercentre 公司合作，一起在俄罗斯推广该冰激凌品牌。

但是双方的合作从一开始就很不顺利，两家公司一直在朝着相反的方向发展，公司的价值观之间出现了严重背离。例如，为实现快速盈利，合作伙伴希望直接在莫斯科开店，迅速扩大品牌影响；而 Ben & Jerry 管理层则认为应当到小城彼得罗扎沃茨克扎根，像在美国佛蒙特州一样低调地白手起家。此外，双方在俄罗斯商界盛行的贿赂之风上出现了激烈的观点冲突，而合作伙伴对环保原料采购的漠不关心也让 Ben & Jerry 管理层感到非常失望。[9]

拉克姆（Rackham）、弗里德曼（Friedman）和拉夫（Ruff）等人非常强调共享价值观的重要性[10]，他们指出有三种方式可以评估对合作伙伴的选择是否正确：首先，合作双方应扪心自问是否想实现双赢的结果，良好的伙伴关系是水平化而非垂直化的，双方都应从合作中获得同等的利益回报；其次，合作双方应认真审视对方是否强调质量标准，如果双方都强调质量标准，那么建立成功的合作关系的可能性就比较大；最后，合作双方应努力认清对方的价值观，看它们是否和自己的价值观相吻合。

崔海涛[○]（Tony Haitao Cui）、拉于（Raju）和张志浩等人的

研究也同样证实了共享价值观的重要性。[11] 当企业和合作伙伴之间的关系存在公平性价值时，渠道结构中的价格稳定性将更加容易协调，从而起到改善整个渠道经济的作用。企业制定公允的交易价格后，其渠道合作伙伴就会相应地制定合适的最终用户价格。通过提升和合作伙伴之间的成本信息透明度，企业可以有效地建立公平的合伙机制。

作为向渠道合作伙伴营销价值观的第一步，企业必须了解合作伙伴自身的价值观。在营销 3.0 中，两个企业实体之间的合作就好像两个人的婚姻行为。企业要做的不是关注对方的商业模式，而是要充分了解对方的目的、价值和特征是否和自己吻合。在此基础上企业才能和合作伙伴展开互利共赢式沟通，签订可靠的法律文件。这一点充分解释了安妮塔·罗迪克看似个性化的举动为何会取得如此大的成功。

渠道是企业的文化变革动力：分销企业理念

成长的需要要求公司必须借助渠道合作伙伴跟消费者打交道，因此，企业在营销价值观时需要高度依赖经销商，当其无法通过宣传媒体直接和消费者沟通时情况更是如此。Maria Yee 家具公司就是一个很好的案例，该公司 2007 年在美国销售的家具有将近一半是通过家具零售商卖掉的。[12] Maria Yee 家具公司和其他家具制造商一样，主要通过三家零售商向中高端市场提供产品，这三家零售商分别是 Crate & Barrel、Room &

Board 和 Magnolia Home Theater 家居产品公司。Maria Yee 公司主要生产和销售环保型家具，因此非常强调绿色产品理念，在使用可持续性原材料和选择注重环保的供应商方面要求非常苛刻。

但可惜的是，Maria Yee 家具公司缺少和消费者直接沟通的渠道，因此只能通过合作伙伴向消费者传达其绿色产品概念。为保证合作伙伴和自己一样重视该理念并积极推动全行业的环保运动，公司创始人玛丽亚·伊（Maria Yee）常常和零售商保持密切的个人关系。对她来说，零售商要发挥的作用不只是向消费者传达 Maria Yee 家具公司的品牌定位，更重要的是要向他们宣传使用生态环保家具的好处。通常，绿色产品在美国往往让消费者觉得非常昂贵，但 Maria Yee 家具公司必须依靠合作伙伴来改变这种看法。要做到这一点，她首先要说服合作伙伴，让他们相信自己的环保产品一样具有价格竞争优势。

和 Maria Yee 家具公司的做法相反，某大型消费性包装品公司在已经拥有渠道合作伙伴的情况下仍坚持和消费者建立直接联系。Stonyfield Farm 是一家生产有机酸奶的公司，其产品全部通过经销商销往食品店和超市。尽管如此，为追求完美，这家公司仍努力建立和消费者之间的直接联系，并希望借此途径向其营销公司的社会和环境使命。为创建良好的用户口碑，公司成立了 myStonyfield 消费者社区，还通过 YouTube 视频网站向消费者传达公司理念。

通过渠道合作伙伴传播品牌故事需要始终如一的个性化方式。但是当这种做法行不通时，企业应采用暗示法来说服渠道合作伙伴。通过直接向消费者传播故事，企业可以有效地引发目标群体的兴趣。当大量消费者对此做出反应，纷纷到渠道经销商那里寻找该品牌时，此举便会向合作伙伴传递这样一个重要信号——该品牌具有深刻的价值影响，经销该品牌会为自己带来巨大利益。

在一些案例中，消费者自身也会成为企业的合作伙伴，这种情况当企业在发展中国家市场向低收入消费者推销时尤其常见。在发展中国家，向贫困人群营销的最大问题在于企业无法接近这个市场。在营销组合中，受此影响最大的两个因素分别是渠道（分销）和促销（沟通）。在这些市场中，许多产品和信息都是贫困人口，特别是农村地区人口接触不到的。因此，对这些消费者建立产品经销渠道不但可以深化品牌的市场渗透力，同时还能改善他们的生活。对此，瓦沙尼（Vachani）和史密斯（Smith）将其称为"具有社会责任感的分销"[13]。

印度就是一个以"社会责任感分销"模式闻名的市场。这个国家多年来一直在努力消除贫困，统计调查显示的结果令人振奋，印度的贫困人口比例已经从 1981 年的 60% 下降到 2005年的 42%。[14] 印度政府为此付出了很多努力，其中之一就是大力改善贫困人群对商品和信息的接触能力，因为在印度 80%的消费支出都是由农村消费者贡献的。[15] 在消除贫困的过程中，印度企业利用人际网络形成了新型分销模式。

在印度的农村地区，ITC和印度斯坦利华等公司在与贫困人口合作经销产品方面发挥着重要作用。ITC公司以开发e-Choupal电子市场系统闻名，该系统可帮助农民了解天气情况和作物价格信息，让他们能绕过中间商把产品直接卖给消费者。利用在农民兄弟中形成的关系网络，ITC又开发了Choupal Saagars市场，这是一种服务类型五花八门的微型商业网络，不仅销售日用产品，也提供医疗健康和金融方面的服务。印度斯坦利华公司的做法是，鼓励农村女性成立销售日用产品的社区。当这些妇女成为公司的分销合作伙伴后，除了销售所得，她们还会有额外的收入。虽然这两个公司使用的方式有所不同，但它们都在向渠道合作伙伴传播具有社会责任感的企业价值观，只不过这些合作伙伴同时也是它们的消费者而已。

也许有人奇怪ITC和印度斯坦利华公司为什么要费那么大的力气开发农村合作伙伴，其实很简单，因为在印度87%的消费者在购买产品时是以家人或朋友建议为基础的。[16]因此，点对点销售在印度是使用最广泛的市场深入策略，在农村市场尤其如此。

在新的成长型市场中，企业分销必须依赖多个渠道合作伙伴形成的网络力量。究其原因，新型分销模式的出现源自消费者社区化时代的到来。消费者的角色已经不再局限于为企业推广品牌，而是上升到了帮助其销售产品的高度。在印度企业的案例中，我们看到企业的渠道合作伙伴就是企业的个体消费者。在其他案例中，渠道合作伙伴是那些熟悉本地情况、了解当地消费者群体的小型企业。由于深受本地消费者群体信赖，这些合作伙伴是企业传播品牌故事的最佳媒体，消费者更愿意倾听它们的讲述。因此，对那些像戴尔一样寻求成长型市场机遇的企业来说，认识到上述变化趋势是非常必要的。

渠道是企业的创造性伙伴：管理关系

在营销 3.0 时代，权力掌握在消费者手中。不幸的是，并不是所有的企业都能直接和消费者沟通，一般来说它们都需要通过中间商和消费者保持联系。这些渠道合作伙伴不仅发挥着为企业分销产品的作用，而且也为企业提供重要的消费者接触点。在某些情况下，渠道合作伙伴的作用甚至比制造商更为重要。例如，在 IT 行业中，消费者往往更喜欢和那些能提供附加服务的经销商联系，而不是和生产厂家沟通。因为经销商能帮助消费者解决实际问题，而生产厂家只负责销售产品。

渠道合作伙伴日益凸显的重要性要求企业在管理合作伙伴时必须考虑各方面的因素。首先，企业必须清楚其产品的边际收益、库存周转率以及对合作伙伴具有怎样的战略意义；其次，企业应通过合作营销和店内促销方式对零售环节的"售出"过程表示关注并积极参与管理，确保品牌在零售渠道中得到充分展现；最后，企业应关心和理解渠道合作伙伴的感受和满意度。

在一些案例中，渠道在价值链中发挥的作用正变得越来越重要，甚至到了和企业竞争消费者忠诚度和控制权的地步，在这种情况下企业和渠道之间的相互整合就变得尤其重要。如果企业的价值链中缺少了这种整合，便会和渠道合作伙伴形成零和的博弈关系，为争夺收益和消费者影响互不相让，而不是形成互利合作关系，一同寻找机会应对竞争对手。

企业和渠道之间的整合通常从企业和合作伙伴之间的基础性合作开始，特别是在零售促销过程中的合作。当合作关系加深之后，双方便会开始整合，同时也会把各自行业价值链中的其他成员一起包括进来。这种整合过程通常包括信息共享和联合战略规划两个方面。当双方的合作关系继续深化到下一个阶段，他们的价值观便会融合，这时企业和渠道合作伙伴会变得高度一致，不分你我。

在形成创造性渠道合作伙伴方面，我们发现通往卓越存在着四个阶段。在第一阶段，企业依赖一种经销渠道销售全部产品，这种渠道可能是企业直销，也可能采用独家代理模式。我们把这个阶段称为"单一渠道阶段"。很多业务局限于某个地区的企业一开始都处于这个阶段，其销售不是采用企业直销就是通过独家合作伙伴代理销售。

随着企业规模扩大，企业会寻找更多经销商和其他渠道来提高产品覆盖率，增加销售业绩和产品投放率，其产品销售不再受地区的局限，企业对经销商或渠道的销售对象也漠不关心。这种战略往往导致各经销商和渠道之间出现销售冲突。我们把这一阶段称为"多渠道阶段"。在此阶段，企业同时向多个经销商和直营渠道销售产品，但并没有严格划分产品、细分市场或地域方面的区别。

更高级的分销体系则需要考虑上述的渠道冲突问题。在这个阶段，企业会把市场按地区、消费者类别或产品类别进行细分，每个经销商或每个销售渠道都会有独立的市场进行开发。这就是第三阶段，即"区域划分渠道阶段"。在这个阶段，企业为经销商和直营渠道规定了清晰的市场界限和销售规则，以免渠道之间出现冲突。

在分销体系的最高阶段，企业不同渠道之间会形成不同的任务划分。形成任务划分之后，不同类型的渠道可以在同一个细分市场或同一个地区市场内共存。而且，这些渠道之间不会出现相互竞争，而是会实现相互合作。我们把这个阶段称为"整合型多渠道阶段"。在这个阶段，企业可以在不同渠道间进行任务划分。通过建立合作来消除竞争，多个渠道可以在同一个地区市场或细分市场中实现共同生存。例如，某计算机制造商可以向旗下各渠道指派下列不同任务：网站负责产生需求；直营店负责提升消费者使用体验；零售商负责经销和提供技术支持；公司销售团队负责企业用户销售以及向周边零售商提供证明案例。我们认为，企业应当努力实现的正是这种最高级别的渠道整合。因为在"整合型多渠道阶段",企业及其渠道合作伙伴可以极具创意地为消费者服务和化解冲突。

小结:价值驱动型渠道合作伙伴

在营销 3.0 中,渠道管理应当从寻找合适的渠道合作伙伴开始。正确的合作伙伴应当和企业具有相似的目的、特征和价值体系。拥有兼容性价值观的合作伙伴可以更好地向消费者传递品牌故事。为了让合作关系更上一层楼,企业应当和合作伙伴进行整合,让自己的品牌更加深入人心。

注释

1. Andrew Park, "Michael Dell: Thinking Out of the Box," *Business-Week*, November 24, 2004.
2. Sunil Chopra, "Choose the Channel that Matches Your Product," *Supply Chain Strategy*, 2006.
3. Olga Kharif, "Dell: Time for a New Model," *BusinessWeek*, April 6, 2005.
4. Mitch Wagner, "IT Vendors Embrace Channel Partners," *BtoB*, September 9, 2002.
5. Paul Kunert, "Dell in Channel Embrace," *MicroScope*, May 7, 2007.
6. Scott Campbell, "Dell and the Channel: One Year Later," *Computer Reseller News*, August 11, 2008.
7. James Gustave Speth, "Doing Business in a Post-Growth Society," *Harvard Business Review*, September 2009.

8. The complete story of The Body Shop can be found in Christopher Bartlett, Kenton Elderkin, and Krista McQuade, "The Body Shop International," Harvard Business School Case, 1995.

9. The complete story of Ben & Jerry's in Russia can be found in Iris Berdrow and Henry W. Lane, "Iceverks: Ben & Jerry's in Russia," Richard Ivey School of Business Case, 1993.

10. Neil Rackham, Lawrence Friedman, and Richard Ruff, *Getting Partnering Right: How Market Leaders Are Creating Long-Term Competitive Advantage* (New York: McGraw-Hill, 1996).

11. Tony Haitao Cui, Jagmohan S. Raju, and Z. John Zhang, "Fairness and Channel Coordination," *Management Science*, Vol. 53, No. 8, August 2007.

12. Maria Shao and Glenn Carrol, "Maria Yee Inc.: Making 'Green' Furniture in China," Stanford Graduate School of Business Case, 2009.

13. Sushil Vachani and N. Craig Smith, "Socially Responsible Distribution: Strategies for Reaching the Bottom of the Pyramid," *California Management Review*, 2008.

14. "New data show 1.4 billion live on less than $1.25 a day, but progress against poverty remains strong," http://go.worldbank.org/DQKD6WV4T0 World Bank, 2008.

15. Sushil Vachani and N. Craig Smith, "Socially Responsible Distribution: Strategies for Reaching the Bottom of the Pyramid," *California Management Review*, 2008.

16. Based on Nielsen Online Global Consumer Study, April 2007.

向股东营销企业愿景

短视行为让经济严重受创

2008 年 9 月，雷曼兄弟银行倒闭。[1] 这家拥有 158 年历史的企业成功挺过了 20 世纪 30 年代的大萧条，但却没能撑过当代金融危机的前 13 个月。最终，雷曼兄弟的破产成为自大萧条以来美国历史上最大的破产案，此举也使金融危机的形势雪上加霜。不过，雷曼兄弟只不过是美国金融领域史无前例大危机系列受害者中的一个 [2]——随后不久，房利美和房地美公司被政府接管，AIG 靠政府救济苟延残喘，华盛顿互助银行被美国联邦储蓄保险公司查封，美联银行被迫出售。

吉姆·柯林斯在其作品《强势怎样衰落》（*How the Mighty Fall*）中对这些公司的遭遇进行了分析，书中描述了一个企业从成功走向衰败所经历的几个阶段。柯林斯认为，成功的企业往往会变得骄傲，认为自己无所不能（第一阶段），因而转向疯狂增长（第二阶段），当危险的苗头出现时，它们毫不在意（第三阶段），直至失败的趋势越来越明显（第四阶段），如果此时仍不思悔改，最后只能走向破产（第五阶段）。[3] 这个过程表明，蛮勇自大和缺乏现实目标是导致企业走向失败的重要原因。事实证明，企业在盲目追求短期目标和忽略风险警告时往往会变得思想僵化、刚愎自用。

2009 年 9 月，在雷曼兄弟银行倒闭 1 年之后，包括股神沃伦·巴菲特和 IBM 前主席兼首席执行官郭士纳在内的 28 位商界名人共同签署了一份由艾斯本协会起草的声明。该声明旨在呼唤企业停止在金融市场的短视行为，成立一套有利于培养企业关注股东和社会长期价值观的政策规定。[4] 该声明称，为推行冒险战略而采取的短视行为具有非常大的破坏作用，会导致经济崩溃。各签字方均表示长期驱动型资本主义能有效地避免出现此类问题，他们鼓励企业股东抑制投机心理，学会耐心对待投资增长。

这种股东短视行为同样引起了政府的关注。英国财政部大臣迈纳斯勋爵（Lord Myners）最近提出了一项双层股权架构的建议，在确定企业战略方向这个方面，该架构允许长期目标股东拥有比短期目标股东更多的投票权。[5] 也就是说，那些急功近利的股东的投票权在此架构中会受到一定限制。尽管这个提议仍在讨论中，但很多人都觉得这种源自于家庭企业的做法会帮助企业减少短视性决策制定行为。

阿尔弗雷德·拉帕波特[⊖]（Alfred Rappaport）认为，为满足短期目标而强调企业短期收益的做法会摧毁股东价值。[6]拉帕波特发现，大部分企业都在努力满足短视型股东的期望，为此甚至不惜牺牲那些可创造新价值的长期投资机会。我们在本章想要强调的是，企业必须改变这种经营模式，把目标从满足短期价值转移到实现长期发展上。股东必须重新回顾企业的基本发展理念，既认识到公司价值源于长期未来现金流，也认识到公司的未来愿景决定着企业的业绩表现。

对于企业股东的概念，其定义视公司的发展阶段而定。科特勒、卡塔加雅和扬（Young）在其合著作品《吸引投资者》（*Attracting Investors*）中描述了股东性质随企业发展而出现的不同变化。[7]企业刚成立时常常为融资发愁，不得不精打细算、步步为营；经过几年的发展，终于有投资者开始对它们产生兴趣——不过这些早期投资者大多数都是个人投资者，利用自己的资金帮助企业运营，他们的目的是获得高额经济回报，或是满足自己在企业中担任管理者的愿望。

再经过一段时间的发展，这些企业便会吸引私募股权基金的注意力。这些基金往往由风险投资者提供，他们不但具备投资管理经验，而且手中掌握着大量资金，企业在他们的帮助下举行首次公开募股。在首次公开募股时，企业发行可上市交易

⊖　拉帕波特是西北大学凯洛格管理学院荣誉教授，于 1995 年退休；他开发了"股东评分榜"，著有《创造股东价值》一书，是股东价值概念的创始人之一。——译者注

的股份，通过这种方式吸引更多投资者投资，持股人则相应地拥有该企业的部分股权。企业也可以通过发行债券的方式募集资金，除到期收回本金外，债券持有人可定期收到企业支付的资本利息。此外，银行和其他投资机构也可以帮助企业融资。企业必须了解这些提供资金的股东有何区别，这样才能更好地满足他们的需要。

对于股东概念的理解，现在有一种新的观点，这种观点认为管理层要做的不仅是满足股东，聪明的企业应当关注的是所有利益相关者所得到的回报。利益相关者是一个更宽泛的概念，其中包括消费者、员工、渠道合作伙伴、政府、非营利机构甚至广大民众，而不只是狭义概念上的股东。一家成功的企业绝对不仅仅是自己成功，它的成功源于和所有利益相关者形成的互利共赢的关系，也源于所有利益相关者的积极参与和投入。换言之，满足利益相关者所希望的回报会让企业拥有更长远的盈利能力；相比之下，如果企业只关注如何满足股东的短期利润最大化，公司的发展只能是昙花一现。

长期股东价值 = 可持续发展能力

吉姆·柯林斯和杰里·波勒斯（Jerry Porras）认为企业愿景是把企业使命和价值观与企业未来发展方向相结合的结果，我们非常认同这个观点。[8] 换句话说，企业看待未来的心智模式即为其发展愿景。

我们认为,对企业来说,尤其是对资本市场中的企业来说,最强大的未来趋势就是可持续性发展的问题。可持续性和企业是否具备长期为股东创造价值的能力高度相关。按照霍华德·昆路德[⊖](Howard Kunreuther)的观点,可持续性具有两种不同定义。[9] 在企业眼中,可持续性是指企业在商业世界中长期生存的能力。从社会的角度看,可持续性是指环境和社会幸福的长期可存在性。但长期以来,企业一直都只关注如何从前者的角度来理解这一概念,而没有把这两个方面结合起来考虑。

近年来,为了在高度商业化的世界中寻找新的竞争优势,企业终于意识到现在必须全面看待可持续性问题了。对此,我们准备从市场两极化和资源稀缺性两个方面谈起,因为这两点正是近年来商界出现的最重要的特征,也是形成本书结论的重要依据。

两极化:选择成熟市场还是贫困市场

说到自 20 世纪 90 年代末以来最令商界人士头疼的趋势,那肯定非市场两极化莫属。在这种背景下,整个世界的市场正在逐渐向两端分化,中间市场慢慢消失。斯威尔斯汀(Silverstein)和巴特曼(Butman)在其作品《市场寻宝》(*Treasure Hunt*)中称,

---

⊖ 昆路德是沃顿商学院决策科学和公共政策学教授、沃顿商学院风险管理与决策过程研究中心主任。——译者注

经过调查他们发现，在美国年收入在 5 万～ 15 万美元的中端市场消费者正在逐渐分化，不是上升到了高端市场就是跌入低端市场。[10] 他们当中一部分人转而购买更昂贵的奢侈品，一部分人则寻找更便宜的产品，还有些人两种行为兼而有之。据两位作者估计，2006 年美国转向高端市场的消费规模约为 5000 亿美元，而流向低端市场的消费额可达到 1 万亿美元。此外，他们在日本和德国也观察到了类似的情况。克诺德森（Knudsen）、兰德尔/（Randel）和胡戈姆（Rugholm）对欧洲、北美和其他几个特定国家的 25 种行业和产品类别曾进行过跟踪调查，结果也反映出相同的市场变化趋势。[11] 他们发现，1999 ～ 2004 年，中端市场产品的年销售收入增长率要比整个市场的平均增长率低 6%。

　　这些趋势对市场结构的调整以及企业如何展开竞争具有非常深远的影响。对企业来说，它们要么追求高端市场，要么把重心放到低端市场。但无论怎样选择，它们都必须更加关注社会和环境状况。原因在于，社会和环境状况不仅深刻地影响着低端市场，而且也日益成为高端市场关注的焦点。

　　我们认为，高端市场正在逐渐走向成熟，高端消费者对可持续性问题变得越来越关注。当营销者准备开发高档产品进入该市场竞争时，他们必须认真考虑可持续性发展的理念，必须用可持续的商业模式来打动消费者的人文精神。我们在前面提过，采用这种经营理念的企业有全食超市、巴塔哥尼亚公司

（Patagonia）和赫尔曼·米勒家具设计公司（Herman Miller），这些公司的产品虽然价格很高，但依旧能吸引一批忠诚的消费者，原因就在于消费者认同这种可持续发展的商业理念并乐意为此买单。

更大一部分消费者则把目光放到了低端市场中。事实证明，低端市场将会实现未来企业销售额的高速增长，很多学者和专家都指出，贫困群体未来将会形成新的市场机遇。普拉哈拉德和斯图尔特·哈特对市场金字塔底层的发展潜力都曾进行过深入观察，他们是研究贫困群体消费市场的著名商业思想家。普拉哈拉德的《金字塔底层的财富》和哈特的《十字路口的资本主义》都认为，贫困消费群体具有巨大的发展潜力，它既是一个高速成长的消费者市场，同时也是催生创新产品的实验中心。[12] 克莱顿·克里斯坦森甚至认为，破坏性技术[○]往往就是在贫困社会中为寻求问题解决方案而诞生的。[13] 例如，作为一个贫困国家，印度在帮助穷人开发低价产品方面取得了不少突破性成就。菲利普·科特勒和南希·李（Nancy Lee）在作品《脱离贫困》（*Up and Out of Poverty*）中也详细阐述了如何利用社会化营销来帮助更多人脱离贫困。[14]

由于以前存在收入低下和信息不足等问题，贫困人口一直

○　破坏性技术也称破坏性创新，指一种瓦解现有市场的技术创新。该术语多用于商业和技术文献，以描述那些利用超出市场预期的方式来改善产品或服务的创新，尤其指通过降低产品价格或针对不同消费群体专门设计产品等方式。——译者注

无法得到某些需要的产品。如果企业的市场定位是这个消费群体，就必须努力寻求解决这些问题的方案，帮助他们实现消费。2008 年诺贝尔和平奖得主穆罕默德·尤努斯（Muhammad Yunus）[⊖]通过创立"微额贷款"模式，成功实现了利用银行帮助贫困人群实现收入增长的目标。[15] 而可口可乐、联合利华等国际化企业，也通过向偏远山村经销普通产品的方式改善了当地人的生活。[16] 这些解决方案不但满足了贫困地区的消费者需要，同时也能帮助企业更好地服务于发达经济体中的低收入群体。

稀缺资源：地球资源供应有限

在过去几十年中，商界对环境可持续性的理解也不断发生着变化。[17] 20 世纪 80 年代，随着制造业领域的繁荣，人们关注的是如何预防和减少制造业产生的废弃物污染。到了 20 世纪 90 年代，消费者中心主义兴起，企业开始注重产品管理，纷纷推出环境友好型产品来争夺市场。

如今，地球上的自然资源变得越来越少，已经无力维持消费的长期快速增长。某些资源的价格猛涨，这种情况不但极大

⊖　尤努斯开创和发展了"微额贷款"的服务，专门提供给因贫穷而无法获得传统银行贷款的创业者。2006 年，"为表彰他们从社会底层推动经济和社会发展的努力"，他与孟加拉乡村银行共同获得诺贝尔和平奖。他曾获得过 60 多项荣誉，如 1978 年孟加拉总统奖、1985 年孟加拉银行奖、1994 年世界粮食奖、1998 年悉尼和平奖以及 2004 年《经济学人》颁发的社会经济创新奖等。——译者注

地加重了企业负担，而且最终会转嫁到消费者身上并伤害他们。因此，企业必须储藏资源和能量以满足环境恶化带来的挑战，只有那些善于管理稀缺资源的企业才能成为最后的赢家。未来，能够获取自然资源的可持续供应将会成为企业日益重要的竞争优势之一。

全食超市对环境可持续性的高度重视就是一个很好的例子。长期以来，这家公司一直以向利基市场提供天然有机食品而闻名。2006 年，零售业巨头沃尔玛宣布全面推行环保产品理念，自此可持续性逐渐脱离小众市场，成为主流商业世界的普遍价值观。[18] 沃尔玛称，公司将采取更为环保的方式提高生产率，还承诺在采购产品时大力向可持续发展型供应商倾斜。此举标志着非可持续性产品的生产和销售成本正变得越来越高，而要改变这种局面唯一的办法就是转向绿色生产。同时，沃尔玛的做法也表明，未来将会有更多的企业考虑建立环境可持续型供应链，在这方面落伍的企业必定会被市场所淘汰。

美国前副总统、荣获 2007 年诺贝尔和平奖的艾伯特·戈尔（Albert Gore）曾拍摄了一部反映全球变暖的纪录片《难以忽视的真相》，该片曾获两项奥斯卡奖。戈尔在片中提到了地球承载能力的有限性及其给商业世界带来的巨大限制，他认为此次金融危机唤醒了商界可持续发展的意识，警告人们未来 25 年内环境可持续性将决定着全球商业发展的走向。[19]

环境可持续性也决定着全球扶贫工作的进展。在自然环境日益恶化的今天，贫困国家的人们会发现扶贫工作会陷入无法持续发展的怪圈，即要想改善贫困面貌就必须牺牲有限的自然资源。在大力发展经济消除贫困的过程中，发展中国家的政府往往会忽略对环境的保护。此外，为维持生存，贫困人口不得不耗尽仅剩的自然资源，如洁净的水、空气和富饶的农田，这些做法会加剧对自然环境的破坏，使人们的生活条件越来越差。而要解决这些问题，就必须依靠贫困国家的社会企业家，依靠他们开发出更具环保性的创新产品和生产方式。关于这一点，我们将在第 8 章详细讨论。

可持续性和股东价值

市场两极化和资源稀缺性这两种趋势必将不断推动企业迈向可持续发展。在这种背景下，企业会越发意识到可持续发展给自己带来的竞争优势。通用电气就是这样，它深刻体会到成为价值驱动型企业并不只是把公司做大做强那么简单。通用电气首席执行官杰夫·伊梅尔特（Jeff Immelt）发现，要想应对不断变化的商业环境，企业必须把可持续发展放到第一位。[20]他意识到成熟市场和成长中市场之间存在着巨大的鸿沟，而弥补这个鸿沟会为公司带来良好的发展机遇。他还认识到稀缺性经济正迫使企业努力寻求创新性解决方案，通用电气应积极参与其中。通用电气想要证明公司靠解决社会问题也能创造利润，这一点如今已经得到了社会的普遍认可，其生产的太阳能电池板、风力涡轮机和在水质方面进行的研究都为社会做出了积极贡献，同时也保证了企业的良性发展。作为一家大型上市公司，通用电气把实现可持续发展视为提升股东价值的一种方式。

科尔尼企业咨询公司（A.T.Kearney）近年来的研究表明，在金融危机中，可持续性企业的发展势头要好于那些缺乏可持续发展能力的公司。[21]2008 年 5 ～ 11 月，在对 18 个行业的调查中，有 16 个行业显示可持续性企业的股票价格高于行业平均水平 15%。践行可持续发展观的企业在应对商业环境变化方面表现得更加灵活和更具适应性，它们实现的股东价值也更高。

2008 年，《经济学人》信息部对全球 1254 名企业高管的调查同样表明，企业的可持续发展能力和其强劲的股价表现之间存在必然联系。[22] 来自注重社会和环境影响的企业的高管称，企业的年利润增长率达到 16%，股票价格增长率达到 45%；而在那些不注重可持续发展的企业，其年利润增长率仅为 7%，股票价格增长率为 12%。

此外，这些高管都表示可持续发展能力对企业来说至关重要。有 37% 的受访者称企业的可持续性能够吸引消费者，34% 的受访者认为它能提升股东价值，26% 的受访者认为它能吸引优秀员工。此外，有 61% 的企业领导者称未来 5 年内会把企业的可持续发展能力作为和股东沟通的目标之一，24%的受访者表示会将其作为首要目标，37%表示会将其作为主要目标。

同样，投资者对企业可持续发展能力的兴趣也与日俱增。受这些兴趣的推动，各大企业跟踪指数纷纷出现了相应的变化。

- KLD 广义市场社会指数（BSMI）对良好业务模式的定义是企业对环境、社会和企业管理的综合考虑。[23]
- 富时社会责任指数对优秀企业的定义是指那些努力实现环境可持续发展、与所有利益相关者保持积极关系、对供应链环节设定严格用工标准，以及坚决抵制商业贿赂行为的企业。[24]
- 道琼斯可持续发展指数（DJSI）认为，可持续发展型业务模式是一种可实现较高利润产出率的经营管理方式，这种方式强调对具有可持续增长意识的消费者的关注，在努力挖掘该市场潜力的同时还要降低与不可持续性做法相关的成本和风险，如废物管理成本和危机缓解成本等。该指数对企业可持续性的定义是："它是一种可创造长期股东价值的商业模式，这种模式不但注重利用经济、环境和社会发展带来的机遇，同时也高度关注如何管理其中的风险。"[25]

- 高盛公司推出了"高盛可持续发展企业榜"，荣登该榜的企业都是采用可持续发展模式的公司。[26] 由于全球经济正变得日益透明化，发展动力已经从西方世界转移到"金砖四国"，高盛提出的环境、社会和企业管理概念和 KLD 广义市场社会指数中的概念颇为相似。此外，该榜还对新兴行业的发展趋势以及企业在这些行业中的通行做法进行了深入分析，这些行业包括可替代能源、环保技术、生物技术和营养品生产等。

　　简而言之，上述指数关注的无非是企业发展的三大底线，即公司是如何看待和处理企业利润、地球环境和人类需求之间的关系的。它们衡量的是一个企业对社会造成的经济、环境和社会影响。尽管如此，戴维·布拉德⊖（David Blood）仍对这些指数提出了批评，他认为这种做法实际上忽视了可持续性经营是企业发展战略中一个密不可分的部分。[27] 在开发这些指数时，负责企业可持续性调研的团队往往不是进行战略调研和规划的团队，因此管理者有时候会忽略可持续性模式和企业战略之间的联系。

　　⊖　布拉德是世代投资管理公司的高级合作伙伴和创始人之一。——译者注

营销愿景战略

鲍勃·威拉德[⊖]（Bob Willard）认为，企业选择可持续发展模式主要有三个原因。[28] 第一个原因是创始人的个人激情，例如 Ben & Jerry 冰激凌公司的本·科恩（Ben Cohen）和杰里·格林菲尔德（Jerry Greenfield）、美体小铺公司的安妮塔·罗迪克和哥顿·罗迪克以及巴塔哥尼亚公司的伊冯·乔伊纳德（Yvon Chouinard）。第二个原因是公众抵制或环保激进运动为企业造成的公关危机，例如杜邦公司就曾因为遭遇公关危机而决定采用可持续型发展模式。第三个原因是，企业会在上级管理压力下选择可持续发展方式。例如，耐克和雪佛龙等公司在发展中国家的业务经营都在监管部门的压力下采取了可持续发展模式。

但是，这些原因都无法保证企业长期坚持可持续发展。这是因为，创始人的激情可能在企业被卖掉后无法延续，公关危机和上级监督压力的缓解会导致企业故态复萌。有鉴于此，企业必须将长期可持续发展能力视为公司的基本战略，并将其融入公司的使命、愿景和价值观。管理层应当把可持续性看作保证企业获得成功的一种竞争优势，这一点对于向股东营销企业愿景来说非常关键。

⊖ 威拉德是一位公司持续发展战略的商业价值方面的重要专家，他经常为公司、咨询机构、院校和非政府组织做重要的演讲。著有《可持续发展优势》和《下一个可持续发展浪潮》等作品。——译者注

在向股东进行营销时，其方式和向消费者、员工或渠道合作伙伴进行营销时有所不同。股东和消费者不同，他们对品牌故事的兴趣不大。同样，股东也不是企业员工，他们对企业文化的认同感也没那么深刻。对企业的股东来说，向他们营销理念时最重要的一点是要保证他们的投资回报。尽管如此，股东却是能保证企业实现可持续发展的推动者——他们是那些负责监督企业表现、督促管理者工作的个人或机构投资者。

我们在前面讲过，对消费者和员工来说，企业触动人心的方式是改变他们的生活，但打动资本市场人文精神的方法就大不相同了。要想说服股东认识到营销 3.0 原则的重要性，企业必须以翔实可靠的证据说明可持续发展能力可以为企业创造竞争优势、为股东提升价值。

当股东考虑公司的业绩表现时，他们首先想到的就是企业的盈利能力和投资回报率。相比之下，盈利能力是一个短期目标，而投资回报率则是一个长期目标。像亚马逊和 eBay 这样的公司就在刚成立的几年内一直都处于亏损状态，投资者之所以坚持不懈就是因为企业对他们承诺了可观的投资回报率。现在我们的问题是，企业必须在可持续发展、盈利能力和投资回报率之间建立关联。

向股东营销企业愿景必须打造牢固的商业案例。2008 年麦肯锡全球 CFO 和投资专家调查显示，企业高管坚信商业和社会之间存在必然联系，而且可持续型商业模式一定会提升股东价值。[29]

　　因此，企业管理层有义务把可持续发展可带来的长期利益告诉股东，而且最好是利用专业的财务术语来说服他们。为此我们选择了三种可以量化的财务指标，它们分别是提高成本产出率、利用新市场机遇提高销售收入以及提高企业品牌价值。第一个指标可直接影响企业的盈利能力，第三个指标可以长期影响企业的投资回报率，我们把第二个指标放到中间讨论是因为它既能影响盈利能力也能影响投资回报率。

提高成本产出率

　　正确的企业使命可以帮助企业获得消费者的支持，由于消费者网络效应的存在，企业营销的成本会大大减少。消费者社区会通过口碑评论的方式帮助企业宣传品牌。因为消费者之间总是共享产品使用体验，企业的广告成本也会大大减少。同样，当企业和消费者形成协同创新后，其产品开发成本也会下降。此外，消费者增权意味着企业用于服务消费者的成本得到降低，因为某些业务环节已经被消费者自行解决。

　　拥有强大价值观的企业还会得到员工和渠道合作伙伴的支持。在这样的企业工作，员工会变得更快乐，工作效率更高，此举还能节省企业招聘新员工和留住老员工的成本。因为员工已经把企业价值观融入日常工作中，企业无须再进行培训，这样又节省了一笔成本。同时，由于员工和消费者的良好互动，企业可以大大降低处理客户投诉的成本。另外，由于融合了相同的价值观，渠道合作伙伴也会大力支持企业，而不是一心只盯着经济回报。

至于社会和环境影响方面，正确的企业做法也会降低成本。考夫曼（Kaufmann）、黎曼（Reimann）、埃尔戈特（Ehrgott）和罗埃（Rauer）对200家企业所做的调查表明，采用环保经营方式可以帮助企业获得更大的竞争优势。[30] 这些企业不但能实现更高的生产率，还会消耗更少的资源、产生更少的废弃物。克拉森（Klassen）对100家加拿大企业所做的研究同样表明，绿色经营模式可以让企业节省更多成本。[31] 采用这种经营模式，企业的废弃物管理和能源消耗会得到更好的控制，公共危机的产生概率和处理成本会大大降低，获取原材料的方式也会更具可持续性。在低收入市场中，企业分销可以靠消费者网络实现。通过发展消费者成为自己的渠道合作伙伴，企业的营销成本会显著降低。由于消费者普遍认同有益于社会发展和环境保护的经营方式，所以企业定位消费者的成本也会大大降低。

对企业管理层来说，他们要做的工作就是构思动人的故事，然后把可持续性经营带来的长期成本节约告诉股东。他们应让股东明白，当企业成本上升时，可持续经营带来的高生产率会成为企业的重要竞争优势；反过来，当企业遭遇市场低迷时，可持续经营节省下来的成本可以帮助企业渡过难关。

利用新市场机遇提高销售收入

　　营销 3.0 为企业带来的机遇表现在很多方面。从企业的角度来看，具有正确使命、愿景和价值观的企业可以更轻松地进入新市场，因为它们往往更受欢迎。它们有机会参与发展中国家的成长期市场，因为这些国家的政府欢迎那些能改善其国民生活的企业来投资；它们还有机会获得非政府组织的支持，因为可持续发展的理念和这些组织的使命完全一致。此外，即使在监管力度非常严格的市场中，可持续发展型企业也会获得较大的行动自由。可见，有了正确的商业发展模式做基础，企业无论身处何方都不必担心。对它们来说，进入新市场意味着潜在的销售收入和利润增长，当这些市场缺少竞争对手时，可持续发展型企业的优势就会更加明显。

　　选择可持续性发展的企业可以同时定位成熟市场和贫困市场。成熟市场的消费者欢迎这些企业是因为他们认同其可持续发展的理念。科恩所做的一份调查表明，即使在金融紧缩的情况下，仍有 44% 的消费者坚持购买绿色产品，而大约 35% 的消费者表示他们在金融危机后甚至更加坚定了这一观念。[32] 弗雷斯特研究公司（Forrester Research）的一项调查也表明，80% 的消费者受到了具有社会责任感的品牌影响，18% 的消费者愿意花高价购买此类品牌。[33] 与此类似，关注环保问题的企业品牌吸引了 73% 的消费者，15% 的消费者不惜多花钱购买。反观另一个市场，低收入群体需要企业提供解决社会问题的方案。因此，具备社会责任感的经营方式更有利于帮助这些群体，同时能为企业赢得消费者的尊重。

从营销的角度来看，可持续发展的能力能帮助企业定位新的细分市场，尤其是那些拥有大量合作型、文化活跃型和创意型消费者的成长中的细分市场。企业的可持续经营模式不但能赢得消费者的信赖和钦佩，而且能帮助企业顺利展开和消费者的对话。一旦企业在消费者社区中建立起良好的声誉，它们就能吸引大量消费者关注。综上所述，所有这些利益机会都会促进企业的快速成长。

提高企业品牌价值

哈奇（Hatch）和舒尔茨认为，一家企业的愿景、形象和文化一同构建了其企业品牌。[34] 企业品牌相当于该企业产品的认可标记，它能保护企业免受外界的威胁和伤害。例如，美体小铺就曾经历过这种威胁。一次，有位记者质疑其反对动物实验的做法，美体小铺当即做出了严正反驳，把公司产品的生产过程全部公开，并欢迎社会各界进行监督。在消费者眼中，美体小铺已经等同于反对动物实验的代名词，这位记者的攻击根本不会对公司造成任何伤害。

企业管理者很清楚可持续发展模式对企业的信誉有百利而无一害。2008 年 BSR/Cone 进行的一份调查表明，84% 的管理专家认为企业责任的信誉利益变得越来越重要，[35] 但企业信誉这个概念太过模糊，很难让股东接受。幸运的是，现在有很多咨询公司，如 Interbrand 和 Brand Finance 等，都能提供企业品牌信誉和品牌资产的评估服务。当企业的品牌资产用财务数据体现出来时，股东就会觉得非常直观。例如，通用电气曾推出过一项名为"生态想象"的致力于解决环境问题的活动，Interbrand 公司为此评估了该活动对其品牌价值的影响。通过计算，Interbrand 公司认为该活动使通用电气的品牌价值增长了 25%。[36] 这一结果表明，承诺可持续发展将对企业的信誉和品牌产生巨大的正面影响。

小结：营销 3.0 时代的成功案例

为了说服股东，企业管理层除了营销使命感和价值观外，还要向股东展示企业愿景。在营销 3.0 中，企业愿景的核心应当是可持续发展理念，因为这一理念决定着企业未来长期的竞争优势。如今，商业环境的变化，尤其是市场两极化和资源稀缺化，让企业可持续发展的重要性日益凸显。企业必须让股东明白，只有采用可持续发展模式才能提高成本产出率、销售收入和企业品牌价值。

注释

1. Yalman Onaran and Christopher Scinta, "Lehman Files Biggest Bankruptcy Case as Suitors Balk," *Bloomberg*, September 15, 2008.

2. John H. Cochrane and Luigi Zingales, "Lehman and the Financial Crisis," *Wall Street Journal*, September 15, 2009.

3. Jim Collins, *How the Mighty Fall and Why Some Companies Never Give In* (New York: HarperBusiness, 2009).

4. "Overcoming Short-termism: A Call for a More Responsible Approach to Investment and Business Management," The Aspen Institute, 2009.

5. "Shareholder Rights and Wrongs," *The Economist*, August 8, 2009.

6. Alfred Rappaport, "10 Ways to Create Shareholder Value," *Harvard Business Review*, September 2006.

7. Philip Kotler, Hermawan Kartajaya, David Young, *Attracting Investors: A Marketing Approach to Finding Funds for Your Business* (Hoboken, NJ: John Wiley & Sons, 2004).

8. Jim C. Collins and Jerry I. Porras, "Organizational Vision and Visionary Organization," *California Management Review*, Fall 1991.

9. "Forging a Link between Shareholder Value and Social Good," *Knowledge@Wharton*, May 19, 2003.

10. "The Disappearing Mid-Market," *The Economist*, May 18, 2006.

11. Trond Riiber Knudsen, Andreas Randel, and Jorgen Rughølm, "The Vanishing Middle Market," *The McKinsey Quarterly*, Number 4, 2004.

12. C.K. Prahalad, *The Fortune at the Bottom of the Pyramid: Eradicating Poverty through Profits* (Philadelphia: Wharton School Publishing, 2005); Stuart L. Hart, *Capitalism at the Crossroads: The Unlimited Business Opportunities in Solving the World's Most Difficult Problems* (Philadelphia: Wharton School Publishing, 2005).

13. Clayton M. Christensen, *The Innovator's Dilemma: When New*

Technologies Cause Great Firms to Fail (New York: HarperBusiness, 2000).

14. Philip Kotler and Nancy R. Lee, *Up and Out of Poverty: The Social Marketing Solution* (Philadelphia: Wharton School Publishing, 2009).

15. Muhammad Yunus, *Banker to the Poor: Micro-Lending and the Battle against World Poverty* (New York: PublicAffairs, 2007).

16. Arphita Khare, "Global Brands Making Foray in Rural India," *Regent Global Business Review*, April 2008.

17. Lynelle Preston, "Sustainability at Hewlett-Packard: From Theory to Practice," *California Management Review*, Spring 2001.

18. Marc Gunther, "The Green Machine," *Fortune*, July 31, 2006.

19. Al Gore and David Blood, "We Need Sustainable Capitalism," *Wall Street Journal*, November 5, 2008.

20. Marc Gunther, "Money and Morals at GE," *Fortune*, November 15, 2004.

21. Daniel Mahler, "Green Winners: The Performance of Sustainability-focused Companies in the Financial Crisis," A.T. Kearney, February 9, 2009.

22. "Doing Good: Business and the Sustainability Challenge," Economist Intelligence Unit, 2008.

23. KLD Broad Market Social Index Fact Sheet, KLD Research & Analytics, 2009.

24. FTSE4Good Index Series Inclusion Criteria, FTSE International Limited, 2006.

25. *Dow Jones Sustainability World Index Guide Book Version 11.1*, Dow Jones, September 2009.

26. "Introducing GS Sustain," Goldman Sach Investment Research, June 22, 2007.

27. Lenny T. Mendonca and Jeremy Oppenheim, "Investing in Sustainability: An Interview with Al Gore and David Blood," *The McKinsey Quarterly*, May 2007.

28. Bob Willard, *The Next Sustainability Wave: Building Boardroom Buy-in* (British Columbia: New Society Publishers, 2005).

29. "Valuing Corporate Social Responsibility," *The McKinsey Quarterly*, February 2009.

30. Lutz Kaufmann, Felix Reimann, Matthias Ehrgott, and Johan Rauer, "Sustainable Success: For Companies Operating in Developing Countries, It Pays to Commit to Improving Social and Environmental Conditions," *Wall Street Journal*, June 22, 2009.

31. Carol Stephenson, "Boosting the Triple Bottom Line," *Ivey Business Journal*, January/February 2008.

32. 2009 Cone Consumer Environmental Survey, Cone, 2009.

33. Sally Cohen, "Making the Case for Environmentally and Socially Responsible Consumer Products," Forrester, 2009.

34. Mary Jo Hatch and Majken Schultz, "Are the Stars Aligned for Your Corporate Brand?," *Harvard Business Review*, February 2001.

35. BSR/Cone 2008 Corporate Sustainability in a New World Survey, Cone, 2008.

36. Jez Frampton, "Acting Like a Leader: The Art of Sustainable Sustainability," Interbrand, 2009.

第三篇

应　用

第 7 章

实现社会文化变革

在后增长时代的市场进行营销

正在成熟中的市场总是会给营销者带来挑战，这样的市场要么发展机会很小，要么根本没有发展空间，因为现有的消费者早已见多识广，再复杂多变的商品在他们眼里也和普通商品无异。面对这种情况，富有创意的企业会努力创造差异化，为消费者提供更令人心动的产品或服务使用体验。但是，这些手段最多也只能让企业维持一阵风光，过不了多久这些产品还是会沦为普通商品。因此，我们认为营销者要做的应当是实现变革。[1] 变革会对人类生活造成更加深刻的影响，所以它的持续时间也就更长。

在英美这样的成熟市场中，越来越多的消费者钟情于那些可对社会文化产生积极影响的企业。对此，一些近期的研究调查可以让我们有更深刻的了解。

- 科恩在过去 15 年中所做的调查表明，85% 的

美国消费者对那些支持社会活动的企业有好

感。即使在经济困难时期，仍有超过 50% 的

消费者希望企业能支持社会变革。[2]

- 即使在 2009 年的金融危机中，仍有 38% 的美

  国人积极参与各种具有社会意识的活动。[3]

- Ipsos Mori 调查公司的一份报告显示，在英国，

  绝大部分消费者（93%）希望企业能改善其产

  品或服务造成的社会影响。[4]

由此可见，企业必须应对这些社会挑战并积极寻找解决方案。在美国，比较突出的社会问题有健康医保、个人隐私和海外生产导致的失业率上升等问题。这些问题已存在多年，并发展成了社会痼疾，人人都清楚它们的存在，但也知道要将其解决不可能靠某个企业的一日之功。换言之，作为营销 3.0 时代的营销者，企业不可能靠一己之力实现重大的社会变革，而是必须和其他企业联合起来寻求创新型的问题解决方式。

对成熟市场中的企业来说，迫使它们推动社会文化变革的动力有两种，分别是未来业务增长的需求和实现深刻差异化的需求。下面我们想用两个案例来进行说明，看看转变消费者生活方式会给企业带来怎样的增长刺激和差异化实现。

未来需求增长案例：迪士尼帮助儿童健康饮食

迪士尼公司主要从事娱乐行业，除了开办主题公园外，它

还是全球最大的动画人物授权经销商，拥有米老鼠、唐老鸭、小熊维尼等各种动画形象的所有权，比对手华纳兄弟和尼克儿童频道拥有的动画角色多得多。2009 年，迪士尼公司以 40 亿美元的价格收购了竞争对手漫威（Marvel）漫画公司，希望以此强化公司在动画人物授权经销市场的领袖地位。[5]

除了注重娱乐行业，迪士尼公司还通过销售消费者产品的方式大力开发儿童市场。在这个市场领域，公司注重解决的是消费者的健康问题，更准确地说是肥胖问题。为此，迪士尼公司专门开发了相关的商业模式——迪士尼消费者产品计划（DCP）[6]，该计划的目的是和公司的合作伙伴一起改变儿童的饮食习惯。

2004 年，迪士尼公司从联合国儿童基金会了解到，在美国 5～9 岁的儿童中，超过 30% 体重超标，14% 处于肥胖状态。虽然迪士尼消费者产品计划本身并不是导致这一问题出现的主要原因，但公司还是为此受到了不少指责，因为迪士尼的主要特许经营商麦当劳公司被社会广泛认为是导致儿童肥胖症的罪魁祸首。为帮助儿童和他们的母亲提高健康餐饮意识，迪士尼消费者产品计划根据美国食品药品监督管理局（FDA）的指导大纲推出了一套名为"健康相随"的营养餐饮方案，对迪士尼的特许经销商规定了严格的餐饮制作要求，并把这套方案应用到了另外一个特许经营项目"幻想农场"中。迪士尼还和美国的大型连锁超市 Kroger 合作，在健康饮食方案的基础上开发带有迪士尼商标的食品。迪士尼消费者产品计划的营业收入早已达到整个迪士尼产业集团总营收的 6%，与此同时该部门仍在为全球肥胖症问题努力寻找解决方案。[7]

迪士尼公司的战略是，企业应当预见到消费者注重健康意识的未来趋势。为迎合这种趋势，最好的策略就是和未来的消费者（儿童）建立关联。做到了这一点，迪士尼就等于把握了成熟市场的未来增长点。

实现深刻差异化需求：Wegmans 食品超市倡导健康生活方式

作为品类杀手，沃尔玛的出现严重威胁着小超市的生存。这些小超市和沃尔玛的唯一区别在于它们具有便利的位置优势。但是，随着沃尔玛逐渐向社区市场渗透，小型超市的这一优势很快就变得不复存在。如果失去了差异化优势，面对沃尔玛每天的低价促销，这些小超市将很难继续维持下去。

为应对这一挑战，一些小超市决定联合起来形成新的差异化优势，通过这种方式来改变消费者的生活方式。Wegmans 食品超市就是其中一个很成功的案例。作为一家努力倡导健康生活方式的连锁超市，Wegmans 食品超市被《财富》杂志评为员工最喜欢的企业之一。[8] 除了倡导员工形成健康的生活方式，Wegmans 食品超市还以善于创造全面的店内消费体验闻名，超市内的药店、葡萄酒专卖店、DVD 租赁店、干洗店、书店和儿童游乐区全都备受消费者好评。该超市的零售部生产率高于整个公司的平均生产率，其营业利润甚至高于沃尔玛和全食超市。

Wegmans 食品超市提出了"家庭替代餐"的概念，即为消费者提供健康美味的预制食品。此概念倡导"健康饮食，健康生活"，建议人们多吃蔬菜水果、加强锻炼、监测热量摄入，同时利用体检卡每天检查健康改善情况。Wegmans 食品超市认为，健康和营养密不可分，倡导健康生活方式不但有利于消费者，而且能促进自己的业务增长。通过提出健康生活理念，Wegmans 食品超市和包括全食超市在内的其他企业一起改变了整个零售行业的经营规则。随着消费者对健康意识的日益重视，其他超市也逐渐开始强调健康概念，以此作为企业差异化服务的重心。在这种趋势的引导下，甚至连沃尔玛也不得不关注营销活动中的消费者健康问题。由此可见，实现深刻差异化提升了小超市的生存能力，使它们能够和沃尔玛展开竞争。[9]

从慈善活动到社会变革

如今，很多企业都是通过参加慈善活动来解决社会问题的，最常见的做法是向慈善机构或针对某个社会领域捐赠款项。教育业是企业家最热衷于捐赠的领域，75% 的企业都愿意对各高校慷慨解囊。[10] 然而，尽管企业捐赠的确能帮助改善一些社会问题，但不可否认的是，其中很多企业这样做的目的不过是沽名钓誉或是求得税收减免。

　　实际上，慈善活动并不局限于西方发达国家的成熟市场。在新兴国家市场中，企业家对慈善活动的热情也很高涨。美林凯捷顾问公司的一份调查表明，亚洲的百万富翁把个人资产的12% 捐赠给了社会事业，而北美和欧洲的百万富翁的财产捐赠比例则分别为 8% 和 5%。[11]

　　虽然慈善活动的确有利于社会，但我们并不能因此高估其社会文化影响力。实际上，近期慈善活动的高涨是社会变化所导致的。事实证明，人们正变得越来越有同情心，愿意对身边需要帮助的人伸出援手。盖洛普公司的一份民意调查显示，即使在经济萧条时期，仍有 75% 的美国人会为了社会事业捐款。[12] 但是，我们要清楚这样一点，慈善行为并不会刺激社会发生变化；正相反，是社会的变化导致了慈善行为的出现。因此，利用慈善行为的方式解决社会问题只会造成短期影响，无法实现社会的长期变化。

　　解决社会长期问题的更好方式是动机营销，即企业通过营销活动支持和满足某个特定社会问题的解决。例如，为筹资维修自由女神像，美国运通公司就曾使用过动机营销方式。运通公司称，凡是使用运通卡购物的顾客，公司都会捐赠其消费额的 1% 作为维修资金。这个举动得到了很多美国消费者的响应，他们纷纷放弃维萨卡和万事达卡，转而使用运通卡购物。

　　在动机营销中，企业在解决社会问题时所付出的不只是金钱，更投入了自己的精力。这种做法成功地把社会问题和公司的产品联系到了一起。例如，桂格麦片（Quaker）为宣传产品的健康作用，专门发起了一场反饥饿运动[13]，该运动包括一系列活动，如食品募捐、社会项目筹资和麦片捐赠等。哈根达斯推出的"帮助蜜蜂"活动，目标是鼓励人们保护蜜蜂活动领地，让人们意识到它们可以为人类提供重要产品，尤其是生产冰激凌的蜂蜜。[14]通过社会化媒体的宣传，公司鼓励消费者多种植花草和食用天然食品，以此为蜜蜂提供更好的生存环境。此外，英国的 Waitrose 超市和美国的全食超市也在进行动机营销。[15]每当消费者来购物时，公司会发给他们一枚代币，消费者可以将其投入当地任何一个捐款箱，等捐赠活动结束时，所有的代币会统一起来换成现金，然后捐给指定的慈善机构。

很多慈善型企业会选择支持那些对其客户或消费者具有吸引力的特定社会项目。例如，雅芳公司曾为支持乳腺癌研究项目筹资 100 万美元。[16]显然，这是因为其消费者主要是女性，雅芳希望能借此机会为女性相关的社会问题尽一己之力。摩托罗拉公司对工程技术类院校的捐赠十分慷慨，是因为其利润主要源于这些学校培养出来的技术工程师的劳动。[17]

近年来，越来越多的人开始关注慈善活动和动机营销。爱德曼咨询公司（Edelman）所做的一份全球调查表明，85% 的消费者钟情于具有社会责任感的企业品牌的产品，70% 的人愿意多花钱购买这些品牌的产品，55% 的人会向家人和朋友推荐这些品牌。[18] 企业当然也发现了这一点，它们越发深刻地意识到，无论是公司的员工、消费者还是社会大众，人们看待企业的观点已经发生了变化。人们不但重视产品和服务的质量，更加重视企业是否具备社会责任感。全球绝大多数企业管理者（95%）都认为，企业必须造福社会。[19] 在他们看来，未来 5 年内，消费者和员工提出的支持社会发展变化的要求将会对企业的战略方向产生重要影响。

尽管很多企业都已开展慈善活动和动机营销，但这些行动并没有被企业视为战略发展要素，它们常常被看作企业推广公关或营销沟通战略的一部分。因此，这些活动无法在最高管理层达成共识，无法充分影响和指导管理层的经营方式。可见，企业管理层仅仅是把社会问题视为一种公益责任，还没有将其上升到视其为创造发展机会和实现差异化服务的高度。

企业慈善活动的另一个问题在于，它可以引发消费者参与，但不会鼓励消费者改变问题。也就是说，消费者的生活方式仍然和以前一样。鼓励消费者意味着要让他们做到自我实现，就是帮助消费者上升到马斯洛需求层次金字塔的顶端，满足更高级的需要。对成熟市场来说，创造变革才是营销的终极方式。

在营销 3.0 中，解决社会问题不应仅仅被视为企业犯错时转移公众批评的公关手段。与此相反，企业应当努力成为符合大众要求的企业公民，利用其商业模式解决社会问题。通过从慈善活动和动机营销上升到社会文化变革，一些企业可以加深其对消费者和公众的影响（见图 7-1）。因为社会文化变革把消费者视为具有能动性的个体，因而他们会沿着马斯洛需求金字塔不断向上，满足自己的最高需求。这种方式不但和企业的产品生产高度相关，而且还深刻影响着企业的商业模式。通过建立合作，企业既可以降低成本，又可以对市场产生更深刻的作用。

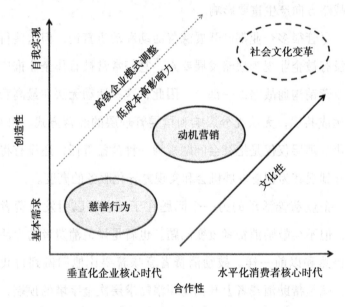

图 7-1   利用营销手段解决社会问题的三个阶段

实现社会文化变革的三个步骤

实现社会文化变革包括三个步骤（见图 7-2）：首先，企业必须选择要解决哪种社会文化问题；其次，问题确定后，企业要确定与之相关的要素，其中包括目标市场、利益相关者和业务区域等；最后，企业要做的是提供相应的变革解决方案。

确定社会文化问题	选择目标要素	提供变革解决方案
• 确定当前问题，预测未来问题 • 问题包括健康（营养和保健）、教育或社会正义等方面	• 强调短期影响力：选择中产阶级、女性或老年群体等要素 • 强调长期影响力：选择儿童和青年群体等要素	• 提供行为改变方案，满足人们更高的实现自我的需求 • 注重更具合作性、文化性和创造性的深刻变革

图 7-2　实现社会文化变革的三个步骤

确定社会文化问题

在确定要解决的社会文化问题时，企业应当根据三个标准进行选择：（社会问题）与企业的愿景 / 使命 / 价值观的相关程度、商业影响力以及社会影响力。

在成熟市场中，健康问题是许多企业都努力解决的普遍的社会问题。在美国，医疗保险成本在 GDP 中的比例已经达到16%，自 2006 年以来每年约增长 20 亿美元。[20] 但有意思的是，在这些健康问题中，有很大一部分是由错误的生活方式导致的，其实完全可以避免它们产生。例如，约有 45% 的意外死亡原因是肥胖症、吸烟和其他不健康的生活方式。在美国，很多人不是体重超标就是患有肥胖症，他们不愿意锻炼身体，还很喜欢吸烟。这些生活方式给美国经济造成了严重的负担，因此，改变消费者的生活方式不但能改善人们的健康问题，还非常有利于国家经济。

健康问题本身就是一个很宽泛的概念，它包括诸多细分问题，如营养不良、饮食不均衡、肥胖症、不健康的生活方式、各种疾病传染病、自然灾害和难民、个人安全和工作安全等。注重营养问题的企业包括有机食品倡导者全食超市和减肥饮食倡导者赛百味，强调疾病预防和治疗的大多是药品企业，如默克制药、葛兰素史克和诺华制药等，它们致力于改善的目标是让消费者能够买得起特定的药物。

教育也是一个很常见的社会关注点。相比之下，饮食、食品零售和制药企业大多关注健康方面的问题，而服务性企业则比较重视教育行业的问题。例如，IBM 推出的"基础教育创新教学"计划就是致力于教育行业的典型动机营销活动。该计划的目标是，利用 IBM 的资源（研究员、咨询顾问和技术力量等）帮助全世界的学校实现教育创新；其战略意义在于，通过帮助学校进行人才开发，IBM 可以保证企业在未来竞争中的人力资源优势。除此之外，IBM 还推出了"儿童早期智力开发工程"，这是一项以软件和网络为基础的项目，为 60 个国家的 260 万名儿童提供改善学习体验的机会。

社会正义性也是一个普遍关注的社会问题，具体包括公平贸易、就业多样化和改善女性权利等方面。美体小铺就是典型的致力于改变社会不公的企业，例如公司"支持社群贸易"和"反对动物实验"的价值观，以及其倡导的"反对家庭暴力"的活动，都反映了促进社会公平正义的企业承诺。社会正义性同样包括海外生产的问题。例如，发展中国家的崛起对发达国家造成了巨大的挑战，企业为了追求效率和节省成本纷纷到海外建厂，很多人因此失去工作机会，国家经济也有可能因此受到伤害。[21]

此外，个人隐私也是一个值得关注的社会问题。消费者中心主义的兴起，特别是近年来一对一营销的出现，大大推动了数据挖掘工具的使用。每当消费者使用打折卡或信用卡时，他们的个人信息就会被电脑悄悄记录下来；企业在分析消费行为模式时，会用摄像机在零售店内拍摄不同类型的消费者；社会化媒体和搜索引擎甚至能公开显示消费者的身份特征。可以说，隐私问题是营销 3.0 时代的棘手问题，随着消费者变得越来越网络化，他们正慢慢失去自己的个人空间。为此，IBM 和 Eclipse 公司的合作商一起推出了 Higgins 计划。[22] 该计划通过对用户的个人数据进行掩饰处理，可以让消费者放心地浏览网页，丝毫不用担心泄露个人隐私。

选择目标要素

在选择目标要素时，企业必须了解其主要利益相关者，特别是消费者、员工、分销商、代理人、供应商和普通大众。要想产生重大的社会影响，企业应当选择那些可对全社会产生作用的目标要素。

一般来说，目标要素类型可分为三种，第一种是按性别和年龄划分的群体，如女性、青年和老年群体等。在日常生活中，女性群体的消费力常常被低估。在《女性消费者探秘》（*Don't Think Pink*）这本书中，作者指出很多女性不但和男性一样工作、一样经营企业，而且她们还是生活和工作中的重要消费力量。[23] 斯威尔斯汀和赛叶（Sayre）认为，全球女性购买力对经济的推动作用不容忽视，她们形成的消费额（每年高达 13万亿美元）甚至比中国和印度 2009 年 GDP 的总和高出两倍还要多。[24] 此外，女性还是食品和保健消费领域的重要消费决策者，而这两个领域对解决健康医保相关的社会问题具有决定性作用。再者，消费者增权对女性的影响力也要比对男性大，约有 44% 的女性认为自己的话语权有限，她们希望能看到更多鼓励女性决策的消费品牌。

定位老年和青年消费者市场，即所谓的婴儿潮和 Y 世代人群（分别指出生于 20 世纪五六十年代的人和 80 后人群），也会让企业有机会创造社会影响。最近，隐性人才流失工作组（Hidden Brain Drain Task Force）的一份调查以及休利特（Hewlett）、舍尔宾（Sherbin）和萨姆伯格（Sumberg）等人所做的焦点小组访谈都证实了这一点。[25] 老年和青年消费者群体都非常热衷于为社会事业做贡献（86% 的 Y 世代人群和 85% 的婴儿潮人群），其服务社会的比例甚至高于中年消费者群体。

Youthography 的一份民意调查显示青少年对社会问题更加关注，约有 90% 的美国青少年认为社会责任感对其购买决策具有重要影响。作为未来的消费者，儿童和青少年往往被视为营养和教育行业的关键影响因素。在人口逐渐老龄化的日本和欧洲各国，老年群体会成为健康产品和服务的主要目标市场。[26] 在很多情况下，他们也会成为维护社会正义和预防疾病等问题的关键影响因素。

第二种要素类型是中产阶级群体，他们并不贫困，但掌握的资源也并不丰富。巴西著名经济学家方赛卡（Fonseca）对中产阶级的描述是：不愿向贫困低头，随时准备为实现美好生活做出牺牲，同时也是因为具有一定资产而尚未遭遇物质生活问题的人。[27] 中产阶级是最大的消费者市场，这个市场存在的社会问题也很多，如健康问题、教育问题和社会公平问题等，解决这些问题可以吸引该群体成为企业重要的影响因素。

第三种要素类型是少数族裔群体，这个群体包括某些种族、宗教信仰者和缺少社会支持的残疾人士。该群体往往是致力于实现多样化的企业需要关注的要素。《财富》杂志每年都会评选 100 家少数族裔员工最喜欢的企业，2009 年该杂志选出的著名企业包括四季酒店、高通公司、T-Mobile 和思科公司，在这些企业中超过 40% 的员工都是少数族裔。

提供变革解决方案

最后一步是提供变革解决方案。麦肯锡公司的一份调查表明，65% 的民众希望企业能提供更多工作机会，43% 的民众希望企业能开发出具有突破性的创新产品，41% 的民众希望企业的产品或服务能解决当前社会问题。[28]

例如，通过和长期产能过剩的小型企业合作，OD 办公（Office Depot）不但为它们提供了工作机会，而且实现了造福社会的目的。[29] 马斯特制造公司（Master Manufacturing）就是这样一家小型企业，主要生产座椅脚轮和坐垫，这家公司坚持招聘本地员工的做法也让 OD 办公很受启发。受其影响，OD 办公大力为少数族裔群体提供工作机会，形成了鲜明的企业特色。通过和产能过剩企业的合作，OD 办公成功获得了竞争优势，消费者对其产品的需求也日益增加。更重要的是，利用本地招聘的方式，企业还很好地抵消了海外生产品牌对自己的冲击。

突破性创新是要满足人们更高层次的自我实现需求。例如，工业设计公司 IDEO 创建了一种名为"人文主义设计"的新设计模式 [30]，该模式从三个角度来确定解决方案，即期望性（对解决方案的渴望程度）、可行性（在技术和组织层面上实施该方案的可行程度）和生存性（该方案从财务角度来看的可持续发展程度）。

对企业来说,利用这个开源设计模式寻找解决方案需要完成聆听、创建和交付三个步骤。在聆听阶段,企业应成立一个由多学科成员组成的小组,对隐藏在社会问题深层的现象进行深入的人种学研究。这支研究小组应深入到特定群体内部,了解其信息传播内容和隐喻,掌握目标要素的人类需求。在创建阶段,他们应寻找机会,设计解决方案,通过集思广益的方式开发解决方案原型,同时还要利用反馈环对方案的期望性进行评估。在最后的交付阶段,他们应评估方案的可行性和生存性,最终开发出具体方案。

我们必须认识到,要实现社会文化变革,单靠某一企业的单打独斗是不行的。要实现这个目标,不但企业之间要联合起来,甚至企业和它们的利益相关者也要密切合作。实际上,有时候企业还必须和它们的竞争对手进行合作才行。例如,全食超市和 Wegmans 食品超市本来是竞争对手,但它们只有联合起来才能和更大的竞争对手沃尔玛相抗衡,最终迫使对方接受并推广健康生活的理念,而这三家企业的联合最终也实现了全社会的协同创新变革。

小结:让变革成为企业的特征

对企业来说,其刚成立时的目的就是通过满足市场需要和期望来获得利润。当企业继续壮大时,民众便会要求它们为某些社会问题捐助资金。此时，企业通常的做法是参与慈善捐赠或是开展动机营销活动。

随着社会和企业的进一步发展，大众开始希望企业能积极推动社会文化发展，而不是只顾着赚钱。如今，越来越多的消费者在评价企业时会关注其对普通大众和社会问题的承诺和贡献程度。对企业来说这是一个很重要的机遇，如果它们能把推动社会变革作为企业经营的一个深刻而基本的理念，那么它们必将改变整个社会。从这个意义上说，这些企业才真正融入了营销3.0时代。

注释

1. B. Joseph Pine II and James H. Gilmore, *The Experience Economy: Work Is Theater and Every Business a Stage* (Boston: Harvard Business Press, 1999).
2. The 2008 Cone Cause Evolution Study, Cone, 2008.
3. Richard Stengel, "Doing Well by Doing Good," *Time*, September 10, 2009.
4. Liza Ramrayka, "The Rise and Rise of the Ethical Consumer," *Guardian*, November 6, 2006.
5. Ryan Nakashima, "Disney to Purchase Marvel Comics for $4B," *Time*, August 31, 2009.
6. David E. Bell and Laura Winig, "Disney Consumer Products: Marketing Nutrition to Children," Harvard Business School Case, 2007.
7. Based on the 2007 and 2008 figures, *The Walt Disney Fact Book*, 2008.
8. Matthew Boyle, "The Wegmans Way," *Fortune*, January 24,

2005.

9. Mark Tatge, "As a Grocer, Wal-Mart is No Category Killer," *Forbes*, June 30, 2003.

10. "The State of Corporate Philanthropy: A McKinsey Global Survey," *The McKinsey Quarterly*, January 2008.

11. Survey by Merrill Lynch and Capgemini, cited in Shu-Ching Jean Chen, "When Asia's Millionaires Splurge, They Go Big," *Fortune*, 2007.

12. Gallup Poll, December 19, 2008.

13. Emily Bryson York, "Quaker Kicks Off Brand Campaign in Times Square," *Advertising Age*, March 9, 2009.

14. Karen Egolf, "Haagen-Dazs Extends Its Honey-Bee Efforts," *Advertising Age*, August 4, 2009.

15. "Shoppers Determine Grocers' Charitable Giving," *RetailWire*, September 5, 2008.

16. Ron Irwin, "Can Branding Save the World?" *Brandchannel*, April 8, 2002.

17. "Motorola Foundation Grants $5 Million to Programs that Engage Budding Innovators," press release, Motorola, June 25, 2009.

18. Survey by Edelman, Edelman press release, November 15, 2007, cited in Ryan McConnell, "Edelman: Consumers Will Pay Up to Support Socially Conscious Marketers," *Advertising Age*, November 16, 2007.

19. Debby Bielak, Sheila M.J. Bonini, and Jeremy M. Oppenheim, "CEOs on Strategy and Social Issues," *The McKinsey Quarterly*, October 2007.

20. Brendan C. Buescher and Paul D. Mango, "Innovation in Health Care: An Interview with the CEO of the Cleveland Clinic," *The McKinsey Quarterly*, March 2008.

21. Michael Mandel, "The Real Cost of Offshoring," *BusinessWeek*, June 18, 2007.

22. Lew McCreary, "What Was Privacy," *Harvard Business Review*, October 2008.

23. Lisa Johnson and Andrea Learned, *Don't Think Pink: What Really Makes Women Buy—and How to Increase Your Share of This*

Crucial Market (New York: AMACOM, 2004).

24. Michael J. Silverstein and Kate Sayre, "The Female Economy," *Harvard Business Review*, September 2009.

25. Sylvia Ann Hewlett, Laura Sherbin, and Karen Sumberg, "How Gen Y & Boomers Will Reshape Your Agenda," *Harvard Business Review*, July–August 2009.

26. Ian Rowley and Hiroko Tashiro, "Japan: Design for the Elderly," *BusinessWeek*, May 6, 2008.

27. "Burgeoning Bourgeoisie," *The Economist*, February 12, 2009.

28. Sheila Bonini, Jieh Greeney, and Lenny Mendonca, "Assessing the Impact of Societal Issues: A McKinsey Global Survey," *The McKinsey Quarterly*, November 2007.

29. Tim Sanders, "Social Responsibility Is Dead," *Advertising Age*, September 17, 2009.

30. Human-Centered Design: An Introduction, *IDEO*, 2009.

创造新兴市场企业家

从金字塔到钻石，从经济援助到发展企业

> 除非世界人口大国能找到消除贫困的方法，否则世界不会实现长久和平。我们认为微额贷款就是一种很好的方式，自下而上的发展也会推动民主。
>
> ——奥勒·丹博尔特·米约斯[1]

上面这番话出自于诺贝尔和平奖委员会主席之口，这是他为 2006 年诺贝尔和平奖共同得主孟加拉国微额贷款机构格莱珉银行（Grameen Bank）及其创始人穆罕默德·尤努斯颁奖时的致辞。该奖的颁布是联合国千年发展目标（MDG）在消除贫困方面的一个重要里程碑。

消除贫困无疑是当今世界人类面对的最大挑战[2]，这项挑战的目标是要把社会财富结构从金字塔形改变成钻石形（即从三角形变成菱形）。金字塔形意味着极少数具有极大购买力的

人位于塔顶，一部分消费者位于中层，大部分消费者位于最底层。[3] 从金字塔到钻石的财富结构转变，换句话说就是要让更多的底层消费者拥有更大的购买力，逐渐向中层消费者移动，从而使金字塔底层慢慢收缩，中层不断扩大，最终形成菱形结构。

这种现象目前在中国日益显现。随着经济的长期快速发展，中国国力逐渐增强。法瑞德·扎卡里亚（Fareed Zakaria）发现，中国消除贫困的速度远远超过世界上其他任何一个国家。[4] 同样，印度消除贫困的成绩也非常令人鼓舞。据统计，1985～2005年，印度农村地区的赤贫人口已经从94%骤减到61%，到2025年这一比例预计会进一步降至26%。[5] 根据麦肯锡公司的调查报告，印度主要包括五个收入层次（见表8-1）。2005年，其最高的可支配收入属于底层群体。但是，到2025年时，这种情况将会发生变化，最高的可支配收入会转移到中层群体。随着中层群体的不断壮大，该群体的消费者生活方式会慢慢改变，对手机和个人护理等产品的消费支出将逐渐成为主流。

表 8-1　印度五种收入层次发展趋势表

	收入层次	年收入（印度卢比）	可支配收入合计（万亿卢比）		
			2005	2015	2025
1	富裕层	> 1 000 000	2	6.3	21.7
2	小康层	500 000 ～ 1 000 000	1.6	3.8	20.9

⊖ 扎卡里亚是美国著名新闻工作者、作家、媒体评论员、CNN访谈节目主持人。——译者注

（续）

	收入层次	年收入（印度卢比）	可支配收入合计（万亿卢比）		
			2005	2015	2025
3	温饱层	200 000 ～ 499 999	3.1	15.2	30.6
4	贫困层	90 000 ～ 199 999	11.4	14.5	13.7
5	赤贫层	< 90 000	5.4	3.8	2.6

由杰弗瑞·萨克斯⊖（Jeffrey Sachs）率领的一组专家预测，这种财富结构的变化将会在全球各国广泛出现。他们预计全球赤贫人口，即每天靠不到 1 美元的收入维持生计的群体，将会在 2025 年消失。[6] 但要实现此目标需要这样一个前提：全球 22 个发达国家必须保证每年投入 0.7% 的国民收入给贫困国家，否则消除贫困就无从谈起。[7]

但是，我们认为国外援助并不是解决贫困问题的长久之道。中国有句谚语说得好，授之以鱼不如授之以渔。解决贫困问题的根本之道在于投资和鼓励兴办企业，只有这样才能帮助贫困群体得到改变命运的机会，只有这样才能让他们脱离财富金字塔底层。

在这个过程中发挥主要作用的既不是非营利组织也不是政府，而是企业。只有企业才能产生如此巨大的经济推动力，只有企业才能形成如此广阔的商业网络。即使企业的做法单纯是为了扩大自己的市场，这种自私的目的也一样能有效地帮助贫

⊖ 萨克斯是世界著名经济学家，美国哥伦比亚大学地球研究所所长，联合国秘书长特别顾问。——译者注

困人群改善生活。随着企业的不断发展，最后这三种力量（非营利组织、政府和企业）必然会联合起来，实现消除贫困的终极目标。

三种动力和四项要求

推动消除贫困事业有三种动力。第一种动力是贫困人群对信息和沟通技术基础设施日益迫切的需要，因为他们非常需要了解致富信息和可以增加收入的机会。例如，在互联网的帮助下，很多印度农民变成了电子化时代的新农民，他们可以随时了解农产品在国际市场上的交易价格。此外，他们还可以在网上搜索其他重要信息，如最新式的耕作方法以及天气预报等。这些信息能让他们将自己的产品卖出好价钱。[8]孟加拉国格莱珉电信（Grameen Phone）推出的低价手机也极大地方便了农户之间的相互沟通，更好地促进了消费群体成员之间的对话。[9]

第二种动力是成熟市场的供大于求和财富金字塔顶端和中部的超强竞争并存局面，这种局面会刺激企业寻找其他成长中的市场。银行会向以前认为无法为之服务的群体提供服务，为低收入群体提供微额贷款。例如，在拉丁美洲地区，一些金融机构受顶端和中层市场日益收缩的影响，不得不把目光转向底层市场，实现投资风险组合的多样化。[10]联合利华等跨国公司也积极向农村市场延伸，以寻求新的业务增长点。[11]与成熟市场和中部市场相比，底层市场的消费者需求相对简单，企业的服务成本也较低。例如，戴尔为弥补在成熟市场的业务下滑转而在印度和渠道伙伴大力合作，推出了价格低廉的电脑产品，在印度市场获得了很大成功。[12]

第三种动力是政府必须推出劝阻农村人口向城市大量迁移的政策。因为城市的过度发展会对其基础设施造成巨大压力，而对农村地区进行投资则可以改善当地人民的生活质量，减少进城务工人数。对此，中国政府正在积极进行改革，据称 2008 年中国将用于农村地区投资的预算增加了 139 亿美元，这种做法非常值得印度学习。[13] 由于大量农村人口的涌入，在印度，像德里、孟买和加尔各答等超级城市正变得人满为患，城市基础设施已经濒临崩溃。[14]

这三种力量综合起来会形成巨大的市场空间。信息手段的普及会使产品推广和市场培育变得更为容易，政府也非常支持和欢迎那些愿意到农村地区进行投资的企业。

通过对这三种动力的观察，我们可以得出这样一个结论：想要通过破坏性方式实现业务发展，想要在消除贫困的同时提高销售量，企业只需对新兴市场或是对现有市场的底层进行投资，只需满足这些新消费群体的需求即可。用斯图尔特·哈特和克莱顿·克里斯坦森的话来说这就是"向下跃进"，即把目标转向财富金字塔底层，利用破坏性创新来解决经济发展失衡导致的各种社会问题。[15] 因为破坏性创新往往能开发出备受低收入消费者欢迎的更为便宜、易用和便捷的新产品[16]，例如售价5美元的手机和100美元的笔记本电脑就属于典型的破坏性创新产品。

为了保证破坏性创新能有效地消除贫困，迈克尔·朱（Michael Chu）提出了以下四项要求[17]：

1. 其服务对象必须规模巨大，能涵盖数十亿贫困人口；

2. 其解决方案必须具有持久性，可满足几代人需要；

3. 其解决方案必须确实有效，能产生重要影响；

4. 所有优势必须经济高效地发挥作用。

孟加拉国的格莱珉达诺食品公司（Grameen Danone Foods）就是少数能满足上述要求的企业之一，这家公司是由格莱珉集团和达诺集团各出资50%成立的合资企业，其企业使命很简单：用一杯酸奶改变世界。[18]该公司发现，在孟加拉国，奶制品生产可以创造数百个养殖业和分销业工作机会。在小规模经营取得成功后，这家企业准备扩大生产规模。为有效解决贫困问题，格莱珉达诺食品公司准备把企业利润进行再投资，把业务模式推广到全国。[19]经过分析，我们可以发现该公司具有以下特征：

1. 业务遍及全国，规模十分巨大；

2. 提供的工作机会造成的深远影响可延续几代人；

3. 改善人民生活条件，具有实际效用；

4. 带动社区参与，运作效率十分明显。

社会性商业企业的意义

社会性商业企业（SBE）是穆罕默德·尤努斯提出的概念，指的是那些在盈利经营的同时努力实现社会影响力的企业。这种企业既不是非政府组织也不是慈善机构，而是从成立之初就把社会责任感牢记心头的企业。不过，传统企业也可以通过后期转型变成社会性商业企业。判断一个企业是不是社会性商业企业的基本原则在于，我们应当审视社会目标是不是企业经营的基本目标，以及这些目标有没有在其决策过程中有所体现。[20]

如果社会性商业企业能在财富金字塔底层建立，那么它们无疑是消除贫困的最大希望。例如在印度尼西亚，这个国家从 20 世纪 90 年代经历金融危机至今一直都在大力推广微额贷款服务，这里的社会性商业企业案例就很值得借鉴。印度尼西亚人民银行推出的微额贷款业务，其服务范围已延伸至 1/3 的印度尼西亚家庭。据估计，该银行是全球最大的微额融资机构，储户超过 3000 万人，同时也是世界第三大微额贷款机构，借贷者超过 300 万人。[21] 从该银行借贷的人大多会成为新的社会性企业家，他们成功之后又会反哺社会，从而形成良性循环。

对于社会性商业企业对社会经济基础的强化作用，通常有三个标准可以衡量企业是否成功。[22] 这些标准能帮助我们轻松做出判断，到底哪些企业才是社会性商业企业。首先，社会性商业企业可以延伸可支配收入；其次，它们可以扩展可支配收入；最后，它们可以增加可支配收入。

延伸可支配收入

社会性商业企业可通过低价提供产品和服务的方式来延伸消费者的可支配收入。联合利华公司推出的 Annapurna 牌低价加碘盐就是一个很好的例子。在此产品广泛推广之前，由于大量食用便宜的无碘盐，非洲有 30% 的 5 岁以下儿童患有碘缺乏综合症。[23] 另一个典型案例是 2005 年豪西蒙集团（Holcim）在斯里兰卡推出的廉住房计划 [24]，该计划的目的是为斯里兰卡提供低成本的住房建设解决方案。

扩展可支配收入

社会性商业企业可通过为财富金字塔底层提供新产品和新服务的方式来扩展消费者的可支配收入。例如，开发实用型高科技产品来弥补消费者数字化鸿沟就是一个典型案例。尼古拉

斯·尼葛洛庞帝[⊖]（Nicholas Negroponte）的 XO 笔记本电脑和
印度推出的 Nova netPC 电脑都是针对贫困地区消费者开发的
实用型产品。[25] 葛兰素史克和诺和诺德等制药公司也是这样，
开始大力开发适合底层消费者购买的低价药物。[26]

增加可支配收入

社会性商业企业可通过促进欠发达市场经济活动的方式
来增加消费者的可支配收入。格莱珉电信公司就是这样做的。
在孟加拉国，格莱珉电信公司极大地推动了手机行业的发展，
2005 年该企业创造了 8.12 亿美元的价值，直接或间接提供了
25 万个收入机会。[27] 印度斯坦利华公司（Hindustan Lever）的
Shakti 项目也是这样，随着向农村地区推广产品，该公司雇
用了成千上万的贫困妇女，为她们提供了重要的可支配收入
来源。[28] 这些妇女负责把公司产品分装成适合本地需要和消费
水平的小包装，然后再把它们销售出去。通过提供在职培训
和教授销售技巧，印度斯坦利华公司还很好地培养了当地企
业家。

对社会性商业企业来说，无论它们想实现什么目标，要确
保成功就必须满足以下几个原则：

⊖ 尼葛洛庞帝是美国麻省理工学院教授及媒体实验室的创办人，同时也是
《连线》杂志的专栏作家。他被西方媒体推崇为"电脑和传播科技领域
最具影响力的大师之一"，一直倡导利用数字化技术来促进社会生活转
型。——译者注

1. 市场教育。社会性商业企业必须学会不断教育和引导成长中市场，它们不但要宣传企业产品的作用，更要让消费者明白其生活质量的提高和企业经营密不可分。例如，销售廉价健康产品的企业应当教育消费者认识健康和卫生的重要性，否则对方可能无法把企业产品和自己的生活联系起来。

2. 与当地社区和行业领袖的联系。社会性商业企业必须与当地社区和行业领袖建立联系，这些行业领袖包括医生、教师、村长和宗教领袖等。在对低收入群体进行销售时，这一点对于消除文化壁垒和地方障碍非常重要。

3. 与政府和非政府组织的合作。社会性商业企业必须和政府及非政府组织保持合作。如果企业目标和政府任务一致，那么公司在市场教育和其他方面投入的成本就会大大减少。同样，这种合作也会提升消费者对企业的信赖程度和接受程度。

为消除贫困而营销

为实现消除贫困的目标，社会性商业企业所有的营销组合要素都必须重新设计。重新设计后的企业模式应当比传统模式更加优越，更加现代化。[29] 表8-2总结了社会性商业企业应当建立的营销模型。

表 8-2 社会性商业企业营销模型

	营销要素	社会性商业企业的商业模式
1	市场细分	财富金字塔底层
2	目标客户	消费者大量集中的群体
3	定位	社会性商业企业
4	差异化	社会性企业特征
5	营销组合：	
	产品	低收入消费者目前无法获得的产品
	价格	可承受价格
	促销	口碑方式
	渠道	社区分销
6	销售	社会性企业内部销售团队
7	品牌	偶像型品牌
8	服务	实用型服务
9	流程	低成本流程

市场细分和目标客户

通常来说，社会性商业企业只有一个简单的目标客户群体，即位于财富金字塔底层的群体。不过，通过审视这些低收入消费者的不同态度，社会性商业企业也可以把这个群体再进行细分。在此我们对价值观和生活方式系统（VALS）稍做调整，把该层次的消费者划分成以下几类[30]：

1. 信仰者。信仰者是指强烈信仰传统道德观念的保守消费者，他们热爱家庭和社区。因为总是选择相似的品牌，他们的消费模式可以预测，对某些品牌的忠诚度很高。

2. 奋斗者。此类消费者是社会认同型消费者，他们为证明自己而追求成功，他们选择那些可供炫耀的产品，或是效仿富人购买奢侈品。虽然属于成就推动型消费者，但由于缺乏资源，他们前进的动力有限。

3. 制造者。制造者喜欢用具体的活动表达自己。他们掌握实用技术，可以盖房子和种地；他们喜欢实用型和功能型产品，对情感价值不感兴趣。

4. 生存者。在四种消费者类型中，此类消费者拥有的物质资源最少。他们更注重的是如何满足基本生活需求而不是自我满足的需求。他们是精于算计的消费者，随时都准备讨价还价。

由于社会性商业企业针对的消费者群体往往不会形成高额交易，因此它们必须把市场定位于那些人数巨大的社群。在为低收入消费者服务时，社群是企业制定发展战略时的一个重要组成部分。首先，消费者社群可以有效地传播品牌，非常有利于市场教育和商业沟通。其次，社群群体相对也比较容易控制。例如，在收取服务费用时，采用社群方式对社会性商业企业非常有效。社群不但能维护企业形象，还能约束其成员实现付款义务。对许多采用微额贷款业务的消费者群体来说，这种情况非常常见。

定位 / 差异化 / 品牌

低收入消费者不一定就喜欢低成本产品，他们也重视值得信赖的品牌。有鉴于此，企业品牌应当成为社会认可的标志。道格拉斯·霍尔特认为，标志代表的是一种特定故事，消费者需要利用这些故事消除自己的焦虑感，满足自己的期望。[31] 在此，低收入消费者的焦虑和期望是如何寻找改善其生活方式的机会。

企业对目标市场可以采用多种方式进行定位，既可以定位为"低收入群体救星"形象，也可以成为"授之以渔"的企业。无论选择以哪种形象出现，它们传达出的信息都是一样的，即为消费者提供低价产品和收入增长机会，努力改善其生活状态的社会性商业企业。

对跨国企业来说，其定位应当建立到社群层次。以飞利浦在印度的定位为例，它把自己定位为"努力改善农村群体健康医疗服务"的企业。[32] 为此，2005 年飞利浦印度公司推出了 DISHA 计划（远程医疗发展计划），该计划的目标是改善针对贫困人群的医疗服务质量，降低治疗费用，让更多的穷人看得起病。通过该计划，飞利浦公司为贫困群体提供了移动诊室服务，让他们可以进行诊断测试或是就母婴护理和创伤治疗等问题和医生沟通。

为强化定位，社会性商业企业应努力支持公益创业，以此作为差异化服务的特征。对社会性商业企业来说，它们和其他具有社会责任感的企业以及非政府组织之间的主要区别在于，社会性商业企业支持财富金字塔底层的创业行为，并以此作为自己的长期发展方向。

例如，英国高品集团（Co-operative Group）就是一个高度强调以社会公益创业为差异化特征的集团。[33] 该集团是倡导公平贸易的行业领袖，和其他零售企业相比，它销售的都是公平贸易产品。为支持公平贸易，英国高品集团销售的咖啡全都粘贴自身的商标。此外，该集团还推出了社区红利计划，消费者可以通过此计划向社区捐助，以解决相关问题。

营销组合和销售

一个企业的营销组合应当反映其差异化特征，其产品应当是低收入消费者目前尚无法获得的产品，其价格应当是消费者可以承受的。企业需要明白这样一点，对低收入消费者来说最重要的是适价性，而不是一味地强调低价。丹德烈亚（D'Andrea）和赫雷罗（Herrero）认为，在应对贫困消费者的问题上，价格指的是和总购买成本相关的价格，而非绝对意义上的价格。[34] 例如，某些低收入消费者，特别是居住在农村地区的消费者，往往会赶到城里购买产品，因此在计算总购买成本时应包括其交通费用和往返时间等方面的综合成本。

企业在产品包装方面要有创意，可采取分类定价的方式。如果消费者的可支配收入有限，无力一次购买大量产品时，企业应学会因地制宜，把产品和服务按消费者可支付的价格重新进行包装。例如，企业既可以把产品改成独立的小包装，也可以按低收入消费者可承受的价格范围设计定制化包装，这种方式可称为经济化产品包装。经过重新包装后，每件产品的实际销售价格反而更高了，但对消费者来说却变得更经济，也能够支付得起了。

对社会性商业企业来说，消费者社群内的促销方式应采用口碑宣传方式。在利用这种方式时，最巧妙的做法是积极影响社群内的行业领袖，如教师或宗教领袖等。此外，女性也能成为很出色的产品宣传大使。穆罕默德·尤努斯成立的格莱珉银行，基本上只向妇女发放微额贷款，因为她们在日常生活中更有影响力，而且大部分都是消费力低下的贫困群体。通过口耳相传，她们能在社群内很好地发挥品牌传播的作用。

在消费者社群内，分销基本上也是靠一对一的模式完成的。如果采用传统分销模式，向路途遥远、规模较小的市场进行渗透需要投入大量成本。因此，在低收入地区利用消费者作为代理人进行分销的方式是企业最好的选择。通过向社群内的其他成员推销产品，消费者彼此之间会形成双赢关系，买方可以因此实现低价消费产品的愿望，而作为代理方的消费者则可以得到相应的销售收入。

如果一部低价手机在菲律宾的售价仅为300比索，那么企业就不可能为其设计精美的充值卡，这样只会增加生产和分销成本。为此，菲律宾全球电信公司（Globe Telecom）推出了空中下载服务，消费者只需向授权分销商付钱就可以自动进行话费充值。该案例表明，企业的销售行为可对社群网络力量产生很大影响。换句话说，企业的销售团队应当来自于其目标市场，因为消费者社群中的成员最了解客户的购买心理和使用习惯。

服务和流程

　　由于在财富金字塔底层经营的企业利润比例通常较低，这就决定了其业务模式必须是简单朴实和低成本的。为实现低成本经营，社群化服务和营销流程就变得不可或缺。在这一点上，诸如学校校长、教师和宗教领袖之类的行业主导者会在服务本地消费者群体方面发挥非常重要的作用。[35] 他们可以发挥社群服务代理人的作用，不但熟悉企业的宣传信息，而且具有监督企业服务水平的能力。例如，马尼拉水务公司（Manila Water）使用集体收费的方式来保证及时收款，Cemex 公司推出的 Patrimonio Hoy 廉价房建设计划，也是通过教师和教会领袖来吸引相关社群消费者购买的。

小结：通过鼓励企业经营来缓解贫困问题

　　贫困问题是长期困扰人类、亟待解决的迫切问题之一。在很多国家，收入的分配形式都是金字塔形而非钻石形，其底部是大量的贫困人口。但是，正如普拉哈拉德和很多学者指出的那样，在这个金字塔底部也蕴藏有惊人的财富。中国和印度都在努力做出改变，使其财富结构从金字塔形变成钻石形。解决这个问题的方法之一就是向贫困群体，特别是向贫困妇女发放微额贷款，她们会利用这笔资金有效地创造财富，然后再偿还贷款。另一个更具广泛意义的解决办法是鼓励企业家、企业和贫困人群成立或转型为社会性商业企业。社会性商业企业是指那些既能满足社会目的又能实现盈利经营的企业。通过为低收入群体提供工作机会，通过改变营销组合为其提供价廉物美的产品和服务，社会性商业企业可以有效地缓解贫困问题。

注释

1. Press release: Nobel Peace Prize 2006, Oslo, October 13, 2006.
2. Ethan B. Kapstein, *Economic Justice: Towards a Level Playing Field in an Unfair World* (Princeton: Princeton University Press, 2006).
3. C.K. Prahalad, *The Fortune at the Bottom of the Pyramid: Eradicating Poverty through Profits* (Philadelphia: Wharton School Publishing, 2005).
4. Fareed Zakaria, *Post-American World* (New York: W.W. Norton & Co., 2008).
5. Eric D. Beinhocker, Diana Farrell, and Adil S. Zainulbhai,

"Tracking the Growth of India's Middle Class," *The McKinsey Quarterly*, August 2007.

6. Jeffrey D. Sachs, *The End of Poverty: Economic Possibilities for Our Time* (New York: Penguin Press, 2005).

7. U.N. Millennium Project 2005, Investing in Development: A Practical Plan to Achieve the Millennium Development Goals: Overview, United Nations Development Program, 2005.

8. From ITC's web site, www.itcportal.com/rural-development/echoupal.htm.

9. Ruma Paul, "Bangladesh Grameenphone Eyes Rural Users with New Plan," *Reuters*, December 1, 2008.

10. Luis Alberto Moreno, "Extending Financial Services to Latin America's Poor," *The McKinsey Quarterly*, March 2007.

11. From Unilever's web site, www.unilever.com/sustainability/.

12. "Dell Eyes $1 Billion Market in India," *The Financial Express*, August 13, 2008.

13. "China to Increase Investment in Rural Areas by over 100 Billion Yuan," *People' Daily*, January 31, 2008.

14. Patrick Barta and Krishna Pokharel, "Megacities Threaten to Choke India," *Wall Street Journal*, May 13, 2009.

15. Stuart L. Hart, *Capitalism at the Crossroads: The Unlimited Business Opportunities in Solving the World's Most Difficult Problems* (Philadelphia: Wharton School Publishing, 2005).

16. Clayton M. Christensen, *The Innovator's Dilemma: When New Technologies Cause Great Firms to Fail* (New York: HarperBusiness, 2000).

17. Garry Emmons, "The Business of Global Poverty: Interview with Michael Chu," Harvard Business School Working Knowledge, April 4, 2007.

18. Sheridan Prasso, "Saving the World with a Cup of Yogurt," *Fortune*, March 15, 2007.

19. Press release—Danone, "Launching of Danone Foods Social Business Enterprise," March 16, 2006.

20. Muhammad Yunus, "Social Business Entrepreneurs Are the Solution," www.grameen-info.org/bank/socialbusinessentrepreneurs.htm.(last modified August 20, 2005, last ac-

cessed May 2, 2007).

21. Don Johnston, Jr. and Jonathan Morduch, "The Unbanked: Evidence from Indonesia," *The World Bank Economic Review*, 2008.

22. Michael Chu, "Commercial Returns and Social Value: The Case of Microfinance," Harvard Business School Conference on Global Poverty, December 2, 2005.

23. From Unilever's web site: www.unilever.com/sustainability/casestudies/health-nutrition-hygiene/globalpartnershipwith unicef.aspx.

24. From Holcim's web site www.holcim.com/CORP/EN/id/1610640158/mod/7_2_5_0/page/ case_study.html.

25. Steve Hamm, "The Face of the $100 Laptop," *BusinessWeek*, March 1, 2007.

26. Farhad Riahi, "Pharma's Emerging Opportunity," *The McKinsey Quarterly*, September 2004.

27. Nicholas P. Sullivan, *You Can Hear Me Now: How Microloans and Cell Phones Are Connecting the World's Poor to the Global Economy* (San Francisco, Jossey-Bass, 2007).

28. "Marketing to Rural India: Making the Ends Meet," *India Knowledge@Wharton*, March 8, 2007.

29. Kunal Sinha, John Goodman, Ajay S. Moorkerjee, and John A. Quelch, "Marketing Programs to Reach India's Underserved," in V. Kasturi Rangan, John A. Quelch, Gustavo Herrero, and Brooke Barton (editors), *Business Solutions for the Global Poor: Creating Social and Economic Value* (San Francisco: Jossey-Bass, 2007).

30. VALS is the system that identifies current and future opportunities by segmenting the consumer marketplace on the basis of the personality traits that drive consumer behavior. See www.sric-bi.com/VALS/ for more detailed description of the segmentation.

31. Douglas B. Holt, *How Brands Become Icons: The Principles of Cultural Branding* (Boston: Harvard Business School Press, 2004).

32. Cécile Churet & Amanda Oliver, *Business for Development*, World Business Council for Sustainable Development, 2005.

33. From the Co-operative Group's web site: www.co-operative.coop/.

34. Guillermo D'Andrea and Gustavo Herrero, "Understanding Consumers and Retailers at the Base of the Pyramid in Latin America," Harvard Business School Conference on Global Poverty, December 2, 2005.

35. Christopher P. Beshouri, "A Grassroots Approach to Emerging Market Consumers," *The McKinsey Quarterly*, 2006, Number 4.

努力实现环境可持续发展

当今时代，另一个值得企业关注和解决的重要社会性问题是环境可持续性。很多企业还没有认真考虑过自己的生产和经营对自然环境是否友好。当然，一部分企业也担心环保主义者的曝光和抗议，这种监督和压力会使其被迫做出一些改变。只有极少数企业会主动营销绿色产品和服务，并以此方式吸引公众关注。

维护环境可持续性发展的三种角色

下面，我们想通过三个案例来说明企业是如何影响和改变自然环境的。尽管这些企业的做法各不相同，但都达到了同样的目的。通过杜邦、沃尔玛和天伯伦这三个案例，我们可以归纳出企业保护大自然的三种不同角色，即革新者、投资者和传播者。

革新者：杜邦公司案例

杜邦是一家已成立 200 多年的科技公司，这家公司曾是全美臭名昭著的污染企业，如今它已成功转型，成为一家绿色环保的公司。[1] 作为尼龙、达可纶、路赛特、凯夫拉尔、可丽耐、特卫强、特氟纶以及各种深刻影响人类生活的高分子化学品的发明公司，杜邦公司同时也是导致南极上空大气臭氧层出现空洞的化学物质氟氯碳化物（CFC）的发明者。但是，这家公司今天已成为美国气候行动合作组织（USCAP）的积极推动者之一，该组织强烈要求政府立法规定企业采用低成本的方式降低温室气体排放量。1990～2003年，杜邦公司的温室气体排放量已经下降了72%，公司计划到2015年时再降低15%。

　　除了在污染物减排方面取得的成绩，杜邦还把环境可持续发展能力列入了每日经营管理目标和企业的核心商业模式中。这一战略带来的效益非常令人鼓舞，在其290亿美元的营业收入中目前已有50亿美元来源于公司的可持续型产品，即那些采用环保原料和节能方式生产出来的产品。对杜邦公司来说，一方面，它大力改变自己错误的生产方式，以此降低对自然环境的破坏影响；另一方面，它也积极研制可造福地球的环保型产品。杜邦公司的一位高管曾这样说过："在公司大家都知道，如果有人走进办公室对我说有新的产品创意，这个创意一定要关注环保才行，否则他就连门也不用进了，因为对其他产品我根本没兴趣！"

　　在此，我们认为杜邦扮演的是环境革新者的角色。革新者的任务是创造或改造企业产品，使其能够挽救自然环境，而不仅仅是生产那些对自然环境无害的产品。这些经过创新的产品应当能够弥补环境破坏造成的损害，而且其生产过程和使用过程都不得对环境造成任何破坏。在此过程中，革新者应当注意，它们必须超越增长性创新，实现破坏性创新。哈特和米尔斯坦（Milstein）认为，增长性创新是企业环保战略中的一个属性，而破坏性创新（或非连续性创新）则超越了环保行为本身，成为企业更高级战略目标的一个组成部分。[2]

杜邦之所以能承担起革新者角色，是因为公司为研制新产品对科学技术的不断探索。在不断满足全球需求变化的过程中，杜邦也在随时调整着自己的企业定位。例如，19世纪初当枪炮成为国家强大的标志时，杜邦以生产火药和炸药闻名于世；19世纪晚期当生物战受到重视，各强国纷纷储备优秀科学家和技术发明时，杜邦转身变成了生产合成材料的化学公司；又过了100多年，当全球变暖，环保主义运动风起云涌之时，杜邦再次成功转型，成为一家靠生产节能产品拥抱环境可持续性理念的公司。

杜邦公司研制了几种可修复受损环境的产品，特卫强（Tyvek）就是其中一种，利用它可以大大提高能源使用效率。杜邦公司的生物燃料厂可利用玉米大量生产乙醇，此举大大降低了生产高能量纤维化乙醇的成本。此外，杜邦还和英国石油公司合作开发了生物丁醇新燃料项目，该项目可为发动机提供高能量燃料来源。杜邦公司还开发出了用于制造防弹背心的凯夫拉尔纤维，飞机制造公司可以利用这种纤维制造出重量更轻，更具燃油经济性的飞机。

和保护环境的另外两种企业角色（投资者和传播者）相比，革新者独特的优势在于具有强大的科研能力，可通过技术创新来造福环境。由于技术革新可在全球范围内长期应用，因此革新产品对环境造成的影响也非同一般。通常，这些产品的研制要花费数年甚至数十年之功，而且要投入巨额资金。但是，和诸多发明创新项目一样，这些投入并不能保证企业会获得满意的成果。因此，在着手开发大型科研项目时，革新者往往要承担巨大的失败风险。

稍加观察我们便会发现，革新者往往来自于化工、生物技术、能源和高科技行业，因为这些行业需要具备发明创新环保产品的能力。和杜邦公司董事长查德·贺利得（Chad Holliday）一样，通用电气首席执行官杰夫·伊梅尔特也大力支持环保运动。在他的带领下，公司的环保产品研制范围日益扩大，从生产节能灯泡到开发海水淡化技术应有尽有。[3] 其他发挥革新者角色的企业还包括：生产混合动力汽车的丰田公司、投资生物技术开发的陶氏化学公司，以及强调"绿色化工"并利用生物方式替代合成化学品的生命科学公司 Empress La Moderna 等。

对革新者来说，创造可持续性的、注重环保的产品已成为企业生存的核心理念和企业发展的重要使命。正如瓦利（Walley）和怀特海德（Whitehead）在《哈佛商业评论》上发表的文章"环保的重要意义"中所说的那样："环保必将成为推动企业创新的催化剂。"[4]

投资者：沃尔玛公司案例

世界最大的零售企业沃尔玛的经营理念也发生了变化。[5]过去，因为长期忽视社会和环境问题，沃尔玛公司一直备受大众指责，人们批评沃尔玛的低工资和对环境问题的漠视。罗伯特·格林伍德[⊖]（Robert Greenwald）曾拍摄过一部名为《沃尔玛：低价格下的高成本》（*Wal-Mart：The High Cost of Low Price*）的纪录片，片中有一段对社会激进分子的采访，她说自己从未见过像沃尔玛这样傲慢无知的企业，即使因为污染环境而被课以数百万美元罚款，沃尔玛依旧我行我素。

据麦肯锡公司的一份调查报告显示，由于很多顾客都认为沃尔玛公司形象不佳，约有 8% 的消费者已经不再到其超市购物。为了挽救公司形象，解决环保问题，2005 年沃尔玛宣布公司将大力推动环境保护事业。沃尔玛前任首席执行官斯科特·李（Scott Lee）在"21 世纪领导力"演讲中称，沃尔玛将投资数亿美元重新设计公司业务模式，使其能源使用效率更高、废弃物管理方式更好。他认为，重新设计后的业务模式可大大提高效率收益，有效降低生产成本。

为实现这个目标，沃尔玛成立了绿色生产中心，向旗下各

⊖　格林伍德是美国著名导演、制片人和政治激进主义者。——译者注

家超市提供绿色标志产品。由于企业规模巨大，沃尔玛只用了一年就成为全球有机牛奶和环保鱼制品的最大零售商。同时，沃尔玛还利用强大的议价能力迫使其供应商也采取更加环保的生产流程和包装方式。

对于沃尔玛的改变，很多人都感到欢欣鼓舞，因为大型企业在全球范围内的一个小小变化也会带来巨大变革。这种变革对企业的公关形象产生了积极的影响，社会各界的批评逐渐减少，支持的声音开始出现。但是，尽管沃尔玛取得了不少成绩，许多评论家仍对其商业口号"永远低价"颇有微词，他们认为在这种价值观的引导下，企业的经营模式关注的只有成本。面对这种情况，沃尔玛公司把宣传口号改成了"省钱，让生活变得更好"。即使这样，很多人还是不买账，他们认为沃尔玛保护环境的初衷完全是基于自私的经济目标，这一点从其具体行为中便可观察到：沃尔玛强调的是如何节省能源、降低成本，并通过促销绿色产品来扩大销售。

投资者的定义是指那些"通过采购或支出方式，把资本投入可产生利息、收入或价值增值等具有潜在盈利性项目上的人"[6]。尽管从讨论回报大自然、停止破坏环境的方面来看，这一解释有些狭隘和过于功利化，但我们认为企业的投资者角色也必须做出和革新者角色一样重要的贡献。

投资者是指那些资助其他公司或自行开发研究项目的企业和个人。例如，2005 年沃尔玛投资 5 亿美元改善管理，此举大大节省了旗下超市的能源消费，有效减少了货车的尾气排放量。[7] 就像精明的投资者一样，沃尔玛在投资之前必须计算成本、收益和各种风险因素。其他扮演投资者角色的企业还包括高盛公司和惠普公司，一些制造业厂商也开始致力于降低工厂的废气排放，减少店铺和办公室内的能源消耗。

由于绿色业务并不是投资者的核心商业使命，这就决定了他们不会像革新者那样，愿意为实现环保承受巨大风险。不过，和革新者相同的是，投资者也同样拥有绿色未来和环境可持续型世界的美好愿景。因此，除了寻求经济回报之外，投资者也同样希望获得以下领域的回报，如企业形象的改善、品牌价值的提升、来自环保组织压力的减轻以及为满足市场需求而销售绿色产品等。虽然投资者并不直接参与产品创新，通过资助环保项目他们也一样可以对保护大自然做出积极贡献。

传播者：天伯伦公司案例

和沃尔玛不同，天伯伦是一家广受各方利益相关者尊重和好评的公司。作为高级鞋制品、服装和户外装备的全球知名设计、生产和营销商，天伯伦公司的经营理念是："做得更好。"公司不但努力成为环境友好型企业，还大力推动世界各地消费者群体对环保问题的关注。即使遭遇低迷时期，天伯伦仍坚持推行各种环保做法，这一点让消费者大为赞赏。

在生产和销售鞋制品过程中，天伯伦严格遵守绿色业务模式，大量使用回收材料和非化学材料进行生产，而且生产方式高度强调能源使用效率。受到食品标签上营养成分表的启发，天伯伦在其每双鞋上都设计了类似的标签。通过这个标签，消费者可以了解到每双鞋的各种细节信息，其中包括其产地、生产过程以及对环境造成的影响等。[8]

天伯伦公司非常关注企业对消费者群体的反馈。为此公司推出了一系列回报社区活动，如"服务之路"计划、"安息日服务"计划、"地球日"活动和 Serva-palooza 计划等。通过这些活动，公司不但帮助了弱势群体，而且成功实施了包括保护环境理念在内的品牌价值促销。在其"服务之路"计划中，天伯伦公司职员在全球范围内共进行了 50 多万小时的志愿服务，在此活动中受益的城市和社区组织分别达数十个和数百个。公司的很多活动都和保护环境相关，例如，在"地球日"活动中，天伯伦会为每位消费 150 美元购买公司产品的消费者种植一棵树。[9]此外，公司还积极展开企业内部营销，鼓励员工购买混合动力汽车。

一般来说，传播者都是非化工、非生物技术、非能源和非高科技行业的小型公司。它们和前两者的主要区别在于，扮演传播者角色的企业具有绿色业务模式，这种模式会将其内在价值转化为外部竞争优势。传播者的使命是要唤醒消费者、员工和大众对保护环境重要性的意识。它能有效地激发大众，促使他们购买革新者开发的产品，以此来鼓励和支持投资者做出的积极环保贡献。最重要的是，通过向员工和消费者传播保护地球的价值观，传播者可以塑造出宣传环境保护意识的形象大使。

塑造环保大使的常用战略手段是在消费者群体中树立环保意识。在这个方面，天伯伦公司无疑是传播者的最好诠释，它的使命就是引导和激发消费者积极参与各种环保行动。

塑造环保大使的另一种策略是通过产品来引发消费者对环境的关注，天伯伦公司推出的"鞋制品生产信息标签"的新举措就是一个很好的例子。这个标签详细说明了消费者购买此产品后会对社会和环境造成哪些影响。就像食品标签能显示对消费者的健康影响一样，天伯伦公司的鞋制品标签描述的是产品对地球环境健康的影响。通过这个标签，公司向消费者介绍了其全部志愿者活动，成功树立了天伯伦的环保大使形象。[10]

扮演传播者角色的其他知名企业还有全食超市、费杰葡萄园（Fetzer Vineyards）和赫尔曼·米勒公司。通过努力实现环保做法，这些公司都成为著名的环保倡导者。

革新者、投资者和传播者的合作

由于动机不同，革新者、投资者和传播者在保护环境事业中分别扮演了不同的角色。正如《从绿色到金色》（*Green to*

Gold）一书所说的那样，企业追求绿色经营模式的动机有很多种 [11]：

1. 自然资源依赖性。

2. 受到行业管理制约。

3. 即将面对管理制约。

4. 人才市场竞争。

5. 在高度竞争市场中表现不力。

6. 良好的企业环保历史。

7. 品牌曝光度高。

8. 企业对环境的影响力巨大。

其中，1～3 是革新者追求绿色经营的动机，4～6 是传播者的动机，7 和 8 是投资者的动机（见图 9-1）。

投资者和传播者都可以通过其商业模式推动人们的环境意识，而革新者的任务是生产环境友好型产品。传播者主要在利基市场发挥作用，而投资者主要在大众市场制造影响力。为巩固和强化对环境事业的影响，这三种角色必须同时存在，同时在市场中发挥作用。传播者负责制造影响力，它们通过关注环境问题来树立企业的竞争优势。虽然这种影响力可以引发大众对环境问题的讨论，但像全食超市这样的传播者需要花费很长时间才能把绿色产品推广到主流市场。没有沃尔玛这样的投资者的巨大影响，绿色产品只能成为利基市场的专有产品。同

样，传播者也非常需要革新者，因为后者可以提供创新性的绿
色产品（见图 9-2）。

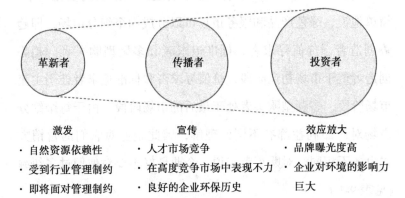

图 9-1 不同企业角色的动机

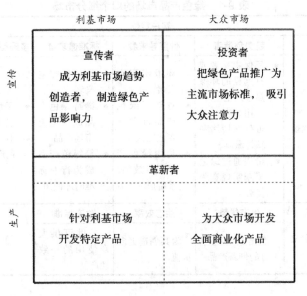

图 9-2 不同企业角色之间的合作

针对消费者群体进行绿色营销

我们必须认识到，绿色产品市场还远未达到同质化水平。简单地说，绿色产品和服务市场可以分成四个细分市场，即趋势创造者、价值寻求者、标准追求者和多疑型购买者。趋势创造者位于市场初期阶段，价值寻求者和标准追求者处于主流市场阶段，多疑型购买者处于最后的市场阶段。由于每个细分市场对产品利益都有不同的理解，因此企业对它们的营销方式也各不相同。对购买者来说，企业最好不要对他们过多纠缠（见表 9-1）。

表 9-1 绿色产品市场的四个细分市场

客户定位				
	趋势创造者	价值寻求者	标准追求者	多疑型购买者
市场描述	• 环保主义者或有远见的环保热心人士 • 使用绿色产品可带来情绪和精神激励 • 希望通过绿色革新实现竞争优势	• 环境实用主义者 • 对使用绿色产品持理性看法的人 • 利用绿色产品提升效率，节省成本	• 环境保守主义者 • 静待绿色产品成为主流市场产品 • 等绿色产品成为行业标准时才使用	• 环境怀疑主义者 • 不信任绿色产品
市场定位	**生态优势** 推出具有竞争优势的创新产品	**生态效率** 为其创造更多价值	**生态标准** 提供可供大众使用的一致性产品	不值得开发

趋势创造者是绿色产品在市场引入期最重要的消费群体，

他们不但是绿色产品的第一批消费者，而且是重要的市场影响力量。企业应当努力争取这个群体的认同，让他们成为自己的产品推广者，向身边的朋友和家人推荐产品。

按照价值观及生活方式（VALS）体系[12]的定义，趋势创造者应归类为革新者类别。他们既是变革运动的引领者，也是对新理念和新技术最积极的尝试者。他们是一群非常有活力的消费者，其购买行为反映出对高级产品以及对利基产品和服务的高端品位。但是，如果绿色产品只受一小部分利基市场消费者关注，它们永远也不会进入成长期。如果绿色产品只是少数富裕者的专享产品，它们的环保利益就会受到很大限制。要想成功影响大部分消费者，这些产品必须得到市场的广泛接受。这也正是很多大型企业努力在主流市场塑造绿色环保品牌的原因，例如，汰渍公司推出的冷水洗衣液就是这样一款产品，这种产品强调衣物在冷水中的洗涤效果最好。[13]

和高度情绪化和精神化的趋势创造者群体不同，主流市场消费者群体在看待绿色产品采购的问题上显得更为理性。价值寻求者购买绿色产品的目的是要实现成本效率，这种消费者绝不会仅仅因为是绿色产品就愿意多掏钱购买。因此，对这个群体进行营销时，绿色产品必须具备价格优势。此外，营销者还必须指出使用绿色产品的成本优势。

在价值观及生活方式体系中被归类为"思想者"的群体也是企业需要重点进行营销的群体。他们善于接受新思想，是一群很容易摆脱错误决策、寻求正确引导作用的消费者。对这样的消费者，营销者必须精心设计营销手段，帮助他们远离错误决策，做出正确选择。[14] 通常，营销者可以在介绍普通产品时谈到绿色产品的优势，这样能很好地帮助价值寻求者做出正确选择。

但是，价值寻求者同时也是保守的实用主义消费者，他们希望购买的产品兼具耐用性、功能性和价值性。为吸引这些消费者的关注，绿色产品营销者应在宣传环保影响的基础上强调其产品的多重价值。有鉴于此，对这个群体进行营销沟通时，企业应当围绕生态效率概念做文章。

和价值寻求者的实用主义相比，标准追求者可谓更加保守。只要不是行业和市场中的标准产品，他们肯定不会购买。对他们来说，影响购买决策最重要的因素是该产品是否流行，是否广为市场接受。为吸引这个消费者群体，企业必须努力使其绿色产品达到大众市场标准。而要做到这一点，就必须形成催化效应。例如，环保建筑的兴起在很大程度上是由绿色建筑标准的发展所推动的。绿色建筑标准最早由英国政府提出，后来受到美国政府大力支持。随后，包括澳大利亚和印度在内的很多国家都纷纷开发适合本国国情的绿色建筑标准，这些趋势最终使得绿色建筑成为主流市场的核心理念。[15]

多疑型购买者，即第四种消费群体，指的是那些在绿色产品已成为行业标准时仍对其持怀疑态度、不愿购买的消费者。

对企业来说，开发和改变这种消费者非常费时费力，需要投入大量的成本。

产品经历整个生命周期的过程实际上反映的是经历不同市场群体时形成的影响链条（见图 9-3）。在引入期，营销者应当把绿色产品作为重要的差异化服务目标。但是，要想使产品进入成长期，营销者必须使用口碑宣传制造影响，形成雪球效应。《跨越鸿沟》[⊖]（*Crossing the Chasm*）作者杰弗里·摩尔[⊜]（Geoffrey Moore）认为，在早期市场和主流市场之间存在着差距，即所谓的鸿沟 [16]，绿色产品必须跨越这个鸿沟才能成为主流市场产品。当某个产品进入成熟期后，市场竞争情况加剧，营销者必须努力寻找新的差异化因素，而不能再一味强调绿色产品概念了（见图 9-4）。

购买绿色产品的可能性逐级递减

图 9-3　消费者群体影响链条

⊖　本书中文版已由机械工业出版社出版。——编者注
⊜　摩尔是高科技营销魔法之父，硅谷战略与创新咨询专家。他所创立的关于技术产品生命周期的定律被称为"新摩尔定律"。他的研究以公司盈利的关键点"销售"为切入点，把精力都集中于公司的生存和发展上。摩尔是鸿沟咨询公司的创始人，同时担任一些声名显赫的商业领袖（如思科的 CEO 约翰·钱伯斯）的私人顾问，帮助高科技公司化解企业策略和营销方针上的危机，惠普、微软、甲骨文等公司都是摩尔的客户。他的著作已经成为哈佛、斯坦福等许多商学院的必读书。——译者注

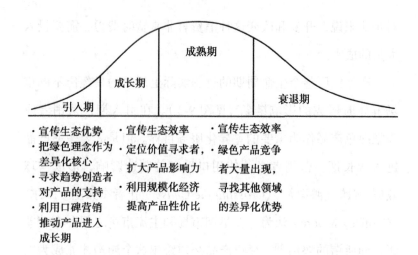

图 9-4 建立绿色产品理念和产品销售的生命周期

小结：为实现环境可持续发展进行绿色革新

我们在本章中强调了价值驱动型企业践行环保承诺的重要性。绿色生产可为企业带来的利益包括成本缩减、声誉提高和员工激励。在致力于改善环境问题的运动中，像杜邦这样的公司可以扮演革新者的角色，沃尔玛等企业可扮演投资者角色，天伯伦公司可扮演传播者角色。通过分析这三种不同角色的特征，我们认为它们只有在同一个市场中互相合作才能成功推动绿色产品市场的形成和发展。最后，企业还应学会区分绿色产品市场的四种消费者类型，即趋势创造者、价值寻求者、标准追求者和多疑型购买者。了解他们之间的行为差异和对绿色产品的接受程度，企业在营销时就能做到有的放矢。对企业来说，推动环境可持续发展就是在践行营销 3.0。

注释

1. The DuPont Case is mainly written based on an article by Nicholas Varchaver, "Chemical Reaction," *Fortune*, March 22, 2007.

2. Stuart L. Hart, "Beyond Greening: Strategies for a Sustainable World," *Harvard Business Review*, January–February 1997.

3. Marc Gunther, "Green is Good," *Fortune Magazine*, March 22, 2007.

4. Noah Walley and Bradley Whitehead, "It's Not Easy Being Green," *Harvard Business Review*, May–June 1994.

5. The Wal-Mart Case is mainly written based on an article by Marc Gunther, "The Green Machine," *Fortune*, July 31, 2006.

6. From www.dictionary.com.

7. "Is Wal-Mart Going Green?" *MSNBC News Services*, October 25, 2005.

8. Timberland homepage, www.timberland.com, May 11, 2007.

9. Jayne O'Donnell and Christine Dugas, "More Retailers Go for Green—the Eco Kind," *USA Today*, April 19, 2007.

10. Marc Gunther, "Compassionate Capitalism at Timberland," *Fortune*, February 8, 2006.

11. Daniel C. Esty and Andrew S. Winston, *Green to Gold: How Smart Companies Use Environmental Strategy to Innovate, Create Value, and Build Competitive Advantage* (New Haven, CT: Yale University Press, 2006).

12. VALS is the system that identifies current and future opportunities by segmenting the consumer marketplace on the basis of the personality traits that drive consumer behavior. See www.sric-bi.com/VALS/ for a more detailed description of the

segmentation.

13. Anne Underwood, "10 Fixes for the Planet," *Newsweek*, May 5, 2008.

14. Read more about how to nudge customers toward more responsible options in Richard H. Thaler and Cass R. Sunstein, *Nudge: Improving Decisions about Health, Wealth, and Happiness* (New Haven, CT: Yale University Press, 2008).

15. Charles Lockwood, "Building the Green Way," *Harvard Business Review*, June 2006.

16. Geoffrey A. Moore, *Crossing the Chasm: Marketing and Selling High Tech to Mainstream Customers* (New York: HarperBusiness, 1999).

观 点 总 结

营销 3.0 的十大成功秘诀

营销和价值观之间的关系发展存在三个阶段。第一个阶段是营销和价值观两极化阶段，在此阶段很多企业认为营销并不需要什么高尚价值观的引导，强调价值观只会让企业付出更多成本，为企业平添许多约束。第二个阶段是营销和价值观平衡阶段，在此阶段企业除营销之外，还会向社会事业捐赠部分利润。第三个阶段是营销和价值观融为一体的阶段，也是两者关系发展的最终阶段。在此阶段，企业必须依靠价值观来生存，这些价值观使企业具有不同的个性和目的感。换言之，企业单独强调营销或价值观都无法取得成功。

通过审视营销的基本原则，深化对营销的全面认识和理解，我们发现有十个秘诀可以帮助企业融合营销和价值观。在介绍每一个秘诀时，我们会列举一些应用此方法指导营销的企业案例。也许大家还记得，在 2000 年 9 月的联合国千年峰会上，来自 189 个国家的领导人共同签署了联合国千年发展目标，该目标制定了 8 个时间段和各时间段内应完成的目标和任务，我们在案例中提到的一些公司就是根据这个目标来为社会做出贡献的。[1]

联合国千年发展目标包括以下内容：

> 1. 消除极端贫困和饥饿；
>
> 2. 普及小学教育；
>
> 3. 促进两性平等并赋予妇女权利；
>
> 4. 降低儿童死亡率；
>
> 5. 改善产妇保健；
>
> 6. 遏制艾滋病、疟疾等疾病的蔓延；
>
> 7. 保证环境可持续发展；
>
> 8. 促进全球发展合作。

尽管千年发展目标是一项政府间协议，但很多企业也开始把这些目标视为自己的责任，努力从商业角度实现它们。联合利华、宝洁、豪西蒙、飞利浦、沃达丰、约翰逊父子公司、英国石油、康菲石油、荷兰合作银行等大型企业，在发展中国家开展业务时全都把这些目标融入了每日经营过程中，并且成功地实现了利润增长。这些企业的做法充分说明了公司应当如何影响世界，以及这种影响会怎样促进其财务和非财务方面的利益实现。我们在本章提供的一些案例摘自"商业开发：支持千年发展目标的商业解决方案"一文，这些案例证明了营销 3.0

和促进千年发展目标之间的必然联系。[2]

秘诀一：热爱你的顾客，尊重你的竞争对手

在商业世界中，热爱顾客意味着企业必须为顾客提供良好的价值，努力打动顾客的情感和精神，只有这样才能赢得他们对品牌的忠诚。神经学家唐纳德·卡尔（Donald Calne）曾说过："情感和理智之间的主要区别在于，情感会引发行动，理智会引发推论。"[3] 由此可见，消费者做出购买决策以及忠于某品牌的行为在很大程度上是受情感影响和支配的。

例如，金宝汤公司（Campbell Soup Company）在乳腺癌宣传月中把产品包装改成了粉红色，此举极大地促进了销售量。[4] 由于购买汤料的消费者主要是妇女，而乳腺癌又是女性在情感上非常关注的问题，因此公司针对女性消费者的销售取得了巨大成功。这个案例说明，在营销过程中，强调消费者情感呼应远比强调理智分析更能产生销售回报。

此外，企业还必须学会尊重竞争对手。正是因为竞争对手的存在，整个行业市场才会逐渐扩大，没有它们，企业所在行业的发展就会变得非常缓慢。通过观察和分析竞争对手，我们可以认识到彼此身上存在的优势和缺点，这一点对于改善企业经营具有重要意义。

通过引入竞争来促进市场发育的策略，可以以垂直化或水平化技术转移的方式来实现。例如，联合利华公司在越南的

发展就是一个很好的例子。[5] 联合利华对所有本地供应商进行最佳实践培训，这些越南企业在培训中不但了解了标准质量体系，而且掌握了实现这些标准所需的必要技术。不仅如此，联合利华公司还为这些供应商提供可观的财务支持。通过这些做法，公司一方面通过本地供应商降低了经营成本，另一方面也保证了产品始终如一的高质量。在这里有一个问题很值得我们注意，那就是这些供应商是否会利用这些优势为联合利华的竞争对手提供同样高质量的服务。耐人寻味的是，联合利华对此非常支持，原因是它认为这样做有利于促进整个市场的发展。

相比之下，水平化技术转移的观点对很多企业来说就更加难以接受了，没有多少企业愿意把自己掌握的技术拱手奉献给竞争对手。但是，当企业意识到无力独自承担起市场开发重任时，这种情况也不是不可能出现。[6] 对这样的企业来说，无偿向其他公司转移技术意味着市场风险共担，它需要和其他公司一起实现规模化经济效益。关于这个方面，最好的案例当数全球七家制药公司（分别是勃林格殷格翰、百时美施贵宝、葛兰素史克、默克、罗氏、艾博特和吉利德制药公司）之间的技术合作，正是这种合作才成功地降低了发展中国家艾滋病治疗药物的价格，推动了联合国千年发展目标的进程。[7]

另一个水平化技术合作的成功案例是英国多家电信公司

（包括摩托罗拉、Carphone Warehouse、O2、Orange、沃达丰、T-Mobile、乐购、维珍和 Fresh 等公司）和 U2 乐队的歌手合作，为支持非洲抵抗艾滋病运动推出的新款 RED 手机。通过此次合作，RED 手机项目筹集的资金购买了数千万磅的艾滋病治疗和预防药物。[8]

学会用爱心对待顾客，用尊重对待竞争对手。

秘诀二：善于察觉变化，随时准备好变革

商业世界瞬息万变，企业的竞争对手和顾客的数量都在增多，也变得比以往更聪明。如果你不够敏感，无法准确预测这些变化，企业经营就会逐渐落伍，最终被无情淘汰。

普锐斯是丰田公司第一款采用破坏性创新技术研发出来的产品，此前丰田从未研制过类似的产品。[9] 在此之前，丰田公司以持续性创新和缓慢确定型决策流程闻名。不过，这家公司具有敏锐的市场嗅觉，发现必须马上推出一款混合动力车型以满足市场需要，这个市场机遇一旦失去就不会再来。因此，在开发普锐斯车型时，丰田公司一改平时复杂严格的日式管理模式，迅速按照市场需求生产出了新的产品。

零售业巨头沃尔玛也一样，面对市场的变化只能积极做出改变。[10] 作为全球最大的零售企业，沃尔玛因其廉价的用工方式和对自然环境及供应链不负责任的做法而广为大众所诟病。过去几年中，沃尔玛开始努力向绿色企业转变。这种转

变说明，沃尔玛终于意识到尽管低价战略曾经为企业赢得过利润，但在未来消费者行为变化的背景下这种做法将会完全失去作用。

天变，道亦变。

秘诀三：捍卫你的品牌，永远明确自己的目标

对营销而言，品牌声誉意味着一切。如果两个产品质量完全相同，消费者肯定选择具有较高品牌信誉的产品。因此，企业必须充分利用其品牌的定位和差异化，让目标消费者了解自己和其他公司的不同之处。

美体小铺是全球知名的价值驱动型企业之一。这家英国公司支持社群贸易的主要做法是在全球范围内从当地贫困群体手中采购天然生产原料，这种做法不但彰显了企业的独特品牌定位，而且有效地缓解了原料采购地的贫困问题。

美体小铺另一个非常有名的做法是坚持反对动物实验。实际上，早在欧盟制定相关法律之前，这家富有前瞻意识的企业就已经要求自己不在动物身上进行任何产品实验了。显然，这种做法对企业来说既不经济也不符合常理，但是它却帮助美体小铺成为英国最成功的化妆品零售商，成为利基市场中崇拜天然产品的消费者心目中最神圣的品牌。

最后，全球最大化妆品公司欧莱雅以惊人的价格收购了这家公司，其收购价格甚至超出企业价值34.2%。美体小铺被收

购之后，为巩固其商业价值，公司不得不面对双重挑战，一方面它必须维护在消费者眼中崇高的品牌形象，另一方面它还要努力影响和改变欧莱雅公司的做法，原因是后者因采用动物实验而招致大众的广泛批评。

清晰地传达你的品牌价值，永远不要在品牌问题上妥协。

秘诀四：消费者千差万别，努力满足你的最佳客户

这条原则关系到企业的市场细分问题。对企业来说，你不必满足所有消费者的要求，但是一定要满足那些乐意购买你的产品、能够从中获得利益的消费者群体。

大多数产品市场都包括以下四个消费层次[11]：

1. 全球化消费层——希望购买具有全球化特征的全球化产品并愿意为此支付高价的消费者；

2. 全球／地区消费层——希望产品拥有全球化质量并具备本地化特征和较低价格的消费者；

3. 地区消费层——希望购买具有本地化特征、本地化价格的本地化产品的消费者；

4. 财富金字塔底层——仅能购买最便宜产品的消费者。

处于财富金字塔底层的消费群体是发展中国家的地区型企业和跨国公司一较高下的目标市场，这个消费层次也是营销

3.0 最为关注的市场。

　　例如，豪西蒙公司致力于为斯里兰卡的贫困群体修建廉价房。通过和微额贷款银行合作，这家公司修建了很多店面型居住房，这些房屋既可以用来居住，又可以经营小生意。对豪西蒙公司来说，它把这些低收入消费者视为可以摆脱贫困的未来的潜在市场。同时，通过提供改善性住房和额外收入机会，此项目也成功改变了消费者群体本身。从这个意义上讲，豪西蒙公司的做法实现了联合国千年发展目标中的第 1、第 2、第 3、第 7 和第 8 条目标。[12]

　　关注那些你能为其创造最大利益的消费群体。

秘诀五：永远以合适的价格和包装提供产品

　　我们绝不能向消费者销售价高质低的产品，真正的营销是公平营销，其价格和产品质量是对等的。如果我们试图高价销售质量低劣的产品，消费者发现后一定会远离我们。

　　联合利华在加纳市场的做法是努力降低加碘盐的价格，以取代大部分民众食用的非加碘盐。为改善当地居民的身体健康，联合利华有效地发挥了跨国企业的优势。公司利用其在消费者产品市场营销的丰富经验，通过小规格包装销售的方式显著地降低了产品价格。这种做法的关键之处在于联合利华必须利用供应链方面的优势来降低分销成本。同样，此项目也很好地促进了联合国千年发展目标中第 1、第 2 和第 5 条目标。[13]

　　另一个相关案例是宝洁公司为市场提供安全饮用水。和联合利华一样，宝洁公司在小包装营销方面也积累了丰富经验。宝洁利用其专利水处理技术，在全世界范围内为消费者提供安全的饮用水净水剂。在此过程中，宝洁也是采用了小包装营销的策略以降低产品价格。在饮水安全得不到保证的地区，人们只要把一袋净水剂倒进桶里就能将其转化为饮用水。通过这种方式，宝洁公司促进了联合国千年发展目标中第 5、第 6 和第 10 条目标。[14]

　　产品要有质量，更要有合适的价格和包装。

秘诀六：注重传播，努力寻找潜在消费者

　　别让消费者四处寻觅你的产品。在当今全球化知识经济时代，企业对信息技术和互联网的掌握和运用已成为必不可少的内容。但是，数字化鸿沟（即数字技术和互联网用户与非用户之间的社会文化差异）仍是全球市场中亟待解决的一个问题，能够跨越这个鸿沟的企业必将极大地扩展自己的消费者规模。

　　例如，自 2005 年以来，惠普公司一直和商业伙伴合作，努力缩小发展中国家的数字化鸿沟，帮助各行业实现信息技术变革。[15] 在追求业务增长的过程中，惠普把低收入市场作为公司未来的主要市场。在培育市场时，惠普不断缩小消费者之间

的数字化差距，为贫困群体提供了价廉物美的信息技术解决方案。对于惠普这样在成熟市场中遭遇发展瓶颈的企业来说，这些消费者无疑是公司未来的希望。

不要等着消费者找上门，企业应当主动发现未来的顾客。

秘诀七：获取、维护和增加客户

拥有顾客之后，企业要做的工作是努力维持和他们之间的良好关系。我们应当对每个顾客都做到如亲友般熟悉，这样才能全面了解他们各自不同的需求、期望、爱好和行为模式，才能促进企业的继续发展。显然，这些目标也正是顾客关系管理的主要原则，其核心目的就是要为消费者提供深刻的理性满足和情感满足，以此激发顾客的长期购买行为。此外，在消费者关系日益水平化的今天，口碑营销的重要性正变得越来越明显，这样做也能有效地把消费者转化成企业品牌的忠实拥护者。

例如，PetSmart Charities 公司通过自建收养中心，至今已经拯救了上百万遗弃宠物的生命。[16] 该公司的宠物收养方案不但吸引了大量参观者，而且有效地提升了宠物相关产品的销售。通过帮助宠物，公司吸引了很多新客户，然后通过各销售网点对他们进行交叉销售。因为公司对宠物关爱有加，这种行为让消费者深受感动，从而变得对其品牌无比忠诚。

想顾客之所想才能无往而不利。

秘诀八：无论经营哪种业务，记住你是在提供服务

服务业并不限于酒店或餐厅，实际上，无论你从事的是哪个行业，都必须有一颗服务顾客的心。既然是提供服务，那就一定要拿出服务行业的专业态度，而不能把销售当成可以应付的差事。企业在为顾客服务时必须真诚，必须投入感情，要让消费者感受到你提供的购物体验是快乐而难忘的。企业必须明白这样一点，你的公司价值正是通过产品和服务来体现的，因此必须保证它们能对消费者的生活产生积极的影响。

例如，全食超市就把自己的业务视为对消费者和整个社会的服务，而不是简单的销售产品而已。正因为如此，公司才大力引导消费者采用更加健康的生活方式。此外，公司对员工也表现出了服务意识，让他们对企业战略方向等重要问题进行投票，表达自己的观点和看法。

所有的行业都是服务业，因为每件产品传递的都是服务意识。

秘诀九：学会从质量、成本和交付三方面改善业务流程

营销者的任务是要不断改善商业模式中的质量、成本和交付情况，不断满足对消费者、供应商和渠道合作伙伴的各种承诺。企业必须牢记，在产品质量、数量、交付时间和价格等方面，任何欺骗行为对企业都是致命的。

约翰逊父子公司以和本地供应商的良好合作而闻名，公司

和本地农户合作，很好地提高了生产率，改善了产品交付情况。例如，为保证除虫菊的可持续供应，公司甚至远赴肯尼亚和当地农户合作。通过与 KickStart 公司和肯尼亚除虫菊委员会的合作，约翰逊父子公司大力帮助当地农户购买灌溉设施。拥有新的灌溉水泵后，当地农民的除虫菊产量显著提高，进而保证了该公司的原料供应。与此同时，由于水泵的使用，其他农作物的收成也得以提高，因此当地农民又得到了一定额外收入。由此可见，通过改善公司的供应链管理，约翰逊父子公司直接或间接地促进了联合国千年发展目标中第 1、第 2 和第 6 条目标。[17]

改善业务流程是企业永无止境的目标。

秘诀十：广集信息，慎下结论

最后一条原则告诉我们必须不断地学习、学习、再学习。对企业来说，知识和经验的积累是影响最终决策的重要因素。只有具备成熟的精神和敏锐清晰的内心，营销者才能在理性和智慧的基础上快速做出正确决策。

安德鲁·萨维兹（Andrew Savitz）和卡尔·韦伯（Karl Weber）在其作品《一石三鸟》（*The Triple Bottom Line*）中，曾以好时食品公司（Hershey Foods）为例对上述问题进行了说明。[18] 2001年，面对竞争对手的强大压力以及未来可可粉价格大涨的黯淡

前景，好时信托基金委员会成员决定卖掉公司的股份。从财务
角度考虑，这样做会导致委员会持有的信托基金价值下跌。为
保证股东价值最大化，委员会决定把公司所有股份卖给箭牌糖
果有限公司。

但是让委员会没有想到的是，此举遭到了公司员工的强烈
反对，很多人组织起来到公司的巧克力广场举行抗议活动。最
终，委员会认识到这个决定是错误的。虽然从财务角度看它并
无不妥，但其失败之处在于未能考虑此决策的社会影响，特别
是对公司员工的影响。

明智的企业领导者在决策时绝不会仅考虑财务影响。

营销 3.0：让我们开始改变一切

对企业来说，能否兼顾以人为本的精神和盈利经营的目标
呢？我们在本书中已经为您做出了肯定的回答。的确，如今企
业的行为和价值观正变得越来越公开和透明，不可能逃过公众
的监督。日益发展的社会化网络使人们可以自由地讨论现有的
企业、产品和品牌，他们讨论的不仅仅是企业及其产品的功能
表现，而是更加注重其社会表现。新一代的消费者正变得越来
越关注企业的社会影响，有鉴于此，企业必须重新审视自己的
经营模式，努力转变先前营销 1.0 或营销 2.0 时代的营销方式，
快速迈入营销 3.0 的新时代。

注释

1. For more information about MDGs, see www.un.org/millennium goals/.
2. Cécile Churet & Amanda Oliver, *Business for Development: Business Solutions in Support of the Millennium Development Goals*, World Business Council for Sustainable Development, 2005.
3. Donald B. Calne, *Within Reason: Rationality and Human Behavior* (New York: Pantheon Books, 1999).
4. Stephanie Thompson, "Breast Cancer Awareness Strategy Increases Sales of Campbell's Soup: Pink-Labeled Cans a Hit with Kroger Customers," *AdvertisingAge*, October 3, 2006.
5. Sébastien Miroudot, "The Linkages between Open Services Market and Technology Transfer," OECD Trade Policy Working Paper No. 29, January 27, 2006.
6. Adam M. Brandenburger and Barry J. Nalebuff, *Co-opetition: A Revolutionary Mindset that Combines Competition and Cooperation...The Game Theory Strategy that's Changing the Game of Business* (New York: Currency Doubleday, 1996).
7. "Increasing People's Access to Essential Medicines in Developing Countries: A Framework for Good Practice in the Pharmaceutical Industry," A UK Government Policy Paper, Department for International Development, March 2005.
8. Martin Hickman, "(RED) Phone Unites Rival Telecom Operators in Battle against AIDS," *The Independent*, May 16, 2006.
9. Alex Taylor III, "Toyota: The Birth of the Prius," *Fortune*, February 21, 2006.
10. Marc Gunther, "The Green Machine," *Fortune*, July 31, 2006.
11. Tarun Khanna and Krishna G. Palepu, "Emerging Giants: Building World-Class Companies in Developing Countries," *Harvard Business Review*, October 2006.
12. Cécile Churet & Amanda Oliver, *Op.Cit.*
13. Cécile Churet & Amanda Oliver, *Op.Cit.*
14. Cécile Churet & Amanda Oliver, *Op.Cit.*
15. Ira A. Jackson and Jane Nelson, *Profit with Principles: Seven*

Strategies for Delivering Value with Values (New York: Currency Doubleday, 2004).

16. Philip Kotler and Nancy Lee, *Corporate Social Responsibility: Doing the Most Good for Your Company and Your Cause* (Hoboken, NJ: John Wiley & Sons, 2005).

17. Cécile Churet & Amanda Oliver, *Op.Cit.*

18. Andrew W. Savitz and Karl Weber, *The Triple Bottom Line: How Today's Best-Run Companies Are Achieving Economic, Social, and Environmental Success—and How You Can Too* (San Francisco: Jossey-Bass, 2006).

科特勒新营销系列

书号	书名	定价	作者
978-7-111-71337-1	营销革命5.0：以人为本的技术	69.00	(美) 菲利普·科特勒
978-7-111-66272-3	什么是营销	69.00	曹虎 王赛 科特勒咨询集团(中国)
978-7-111-62454-7	菲利普·科特勒传:世界皆营销	69.00	(美) 菲利普·科特勒
978-7-111-63264-1	米尔顿·科特勒传:奋斗或死亡	79.00	(美) 菲利普·科特勒
978-7-111-58599-2	营销革命4.0:从传统到数字	45.00	(美) 菲利普·科特勒
978-7-111-61974-1	营销革命3.0:从价值到价值观的营销(轻携版)	59.00	(美) 菲利普·科特勒
978-7-111-61739-6	水平营销:突破性创意的探寻法(轻携版)	59.00	(美) 菲利普·科特勒
978-7-111-55638-1	数字时代的营销战略	99.00	(美) 艾拉·考夫曼 (中) 曹虎 王赛 乔林